令和元年改正法対応

知りたいこと
がすぐわかる

図解

会社法
のしくみ

弁護士 中島 成 *Nakashima Naru*

CORPORATION LAW

JN027581

日本実業出版社

まえがき

　令和元年（2019年）12月4日、会社法に二度目の大きな改正が加えられました。平成26年（2014年）の最初の大改正以来、5年ぶりの大規模改正であり、令和3年（2021年）3月1日から施行されています。

　今回の改正は企業統治ルールの見直し等を目的とするもので、改正内容は多岐にわたり、大企業にも中小企業にも影響を与えます。

　本書は、この改正内容を盛り込み、最新の会社法全体のしくみを、その土台からわかりやすく簡潔に説明しようとするものです。

　会社に関する法律は、商法等の時代から、技術的でとっつきにくい、細かくてわかりにくい、というイメージがつきまとっていました。そんな商法の全体的な分野について、わかりやすく著した『入門の法律　商法のしくみ』は、平成4年（1992年）の初版以来版を重ね、非常に多くの読者の方々に恵まれました。本書はこれを『図解　会社法のしくみ』として受け継いだものです。

　本書が、企業のトップ、取締役、監査役、法務部門から新入社員まで、会社法に目を通しておこうとするあらゆる方々、さらに、条文の根拠をもって会社法の最新知識をまとめておきたいと思われる法律実務家の方々、これら会社法を必要とするすべての皆さんにとって、そのしくみの理解に役立つことができれば幸いです。

　　令和3年（2021年）3月1日　　　　　　　　　　弁護士　中島　成

※本書で示されている条文は、特に法令の名前が明記されていないかぎり、会社法の条文を示しています。
※本書の内容は、令和4年（2022年）7月1日現在公布されている法令に基づいています。

令和元年改正法対応
知りたいことがすぐわかる

図解　会社法のしくみ
目次

･･･････････････････････

まえがき

第1章

会社法とはどのようなものか
令和元年改正会社法の最重要ポイント

1 ◆ **会社法とはどのようなものか** ･･･････････････････････ 14
　　 企業活動を支える技術的な法

2 ◆ **令和元年改正会社法の重要ポイント** ･･･････････ 16
　　 企業統治ルール等の見直し

第2章

会社とは何か
コーポレートガバナンス、内部統制

3 ◆ **会社とは何か** ･･･････････････････････････････ 24
　　 会社には4種類ある

4 ◆ **コンプライアンス（法令遵守）** ･･･････････････ 26
　　 リーガルリスクと社会信用リスクの回避

5 ◆ コーポレートガバナンス ·· 28
コーポレートガバナンスの議論とは

6 ◆ 会社の「目的」の範囲とは ··· 30
会社が政治献金をすることに会社法上の問題はないか

7 ◆ 内部統制システム ··· 32
会社法・会社法施行規則・日本版SOX法

8 ◆ 親子会社に関する規制 ··· 34
子会社を利用した親会社支配の歪曲化を防ぐ

9 ◆ 会社の商号に関するルール ·· 36
類似商号が使われたらどうする？

10 ◆ 会社法上の犯罪 ··· 38
特別背任罪は10年以下の懲役で時効は7年

第3章

株式会社

第1節　株式会社の特徴

11 ◆ 株式会社の特徴 ··· 42
株式の制度＆所有と経営の分離

12 ◆ 資本の制度は何のためにある？ ································· 44
資本の制度と剰余金分配規制で債権者保護を図る

第2節　株主と株式

13 ◆ 株主の権利と義務 ———————————————————— 46
　　自益権と共益権、単独株主権と少数株主権

14 ◆ 株主平等原則とはどんなもの？ —————————————— 50
　　多数派株主の株主権濫用から他の株主を守る

15 ◆ 株主優待制度は株主平等原則に反しないか ————————— 52
　　実質的にみて不平等が軽微であれば違反しない

16 ◆ 株主名簿は何のためにある？ ————————————————— 54
　　議決権行使や利益配当などの基準となる

17 ◆ 種類株式とは（1） ——————————————————————— 56
　　配当や議決権などについて異なる内容の株式を発行できる

18 ◆ 種類株式とは（2） ——————————————————————— 58
　　拒否権付株式は敵対的買収への強力な対抗手段

19 ◆ 株式の譲渡制限 —————————————————————————— 60
　　譲渡に会社の承認を要する株式

20 ◆ 株式譲渡承認請求の手続き ——————————————————— 62
　　会社は請求から2週間以内に決定内容を通知する

21 ◆ 単元株 —————————————————————————————————— 64
　　議決権行使に必要な株式の数は会社が定款で決める

22 ◆ 株券をなくしてしまったらどうする？ ——————————— 66
　　株券喪失登録制度がある

23 ◆ 自社株の取得・保有・処分 ——————————————————— 68
　　自社株の取得・保有・処分は原則として自由

24 ◆ 相続人に対する株式売渡請求 ————————————————— 70
　　会社は相続人に譲渡制限株式の売渡しを請求できる

25 ◆ 少数株主の株式をすべて買い取る制度 ……………………… 72
　　　キャッシュアウトによる完全支配会社化

26 ◆ ストック・オプション ……………………………………… 74
　　　付与対象者の限定はない

27 ◆ インサイダー取引規制 ……………………………………… 76
　　　証券取引の公正に対する投資家の信頼を守る

28 ◆ 株式の消却・併合・分割 …………………………………… 78
　　　自己株式の取得による財務指標改善、消却による市場評価向上

第3節　組織と運営

29 ◆ 株式会社の機関の種類（1） ……………………………… 80
　　　株主総会、取締役、取締役会

30 ◆ 株式会社の機関の種類（2） ……………………………… 82
　　　代表取締役、会計参与、監査役、監査役会

31 ◆ 株式会社の機関の種類（3） ……………………………… 84
　　　執行役・代表執行役、委員会、会計監査人

32 ◆ 社外取締役・社外監査役 …………………………………… 86
　　　厳格な社外性要件、社外取締役への業務執行委託

33 ◆ 機関設計のポイント ………………………………………… 89
　　　定款で定めることでさまざまな機関設計が可能

34 ◆ 株主総会の意義と権限 ……………………………………… 91
　　　基本方針を決める最高意思決定機関

35 ◆ 株主総会の招集手続きと決議方法 ………………………… 93
　　　取締役会設置会社の場合

36 ◆ 取締役会を設置しない会社の株主総会 …………………… 96
　　　招集手続きの簡略化が可能

37 ◆ 会社関係手続きのIT化 ················ 98
　　 ｅメールでの議決権行使、株主総会資料のインターネット提供も可能

38 ◆ 株主提案議案の個数制限、議決権行使書面閲覧制限 ········ 100
　　 株主の権利濫用防止

39 ◆ 種類株主総会とはどんなもの？ ··········· 102
　　 種類株主の意思決定が必要なときに開かれる

40 ◆ 株主総会決議取消しの訴え ··········· 104
　　 決議の日から３か月以内の提起が必要

41 ◆ 株主総会決議の無効と不存在 ··········· 106
　　 決議取消しの場合と異なり主張方法に制約がない

42 ◆ 総会屋対策 ··········· 108
　　 最高意思決定機関である株主総会を守る

43 ◆ 取締役の役割、資格、人数、任期、選任・解任 ········· 110
　　 株式譲渡制限会社では取締役の資格を株主に制限できる

44 ◆ 取締役、執行役の競業の制限、利益相反取引の制限 ········ 112
　　 会社に忠実義務を負う取締役、執行役に対する規制

45 ◆ 取締役の報酬、賞与、退職金についての定め ··········· 114
　　 お手盛りによる過大な報酬決定を防ぐために

46 ◆ 取締役等の第三者に対する責任 ··········· 116
　　 故意や重大な過失があるときに追及される

47 ◆ 代表取締役、代表執行役の専断 ··········· 118
　　 取締役会等の決議を経ないでした代表取締役、代表執行役の行為の効力

48 ◆ 表見代表取締役、表見代表執行役 ··········· 120
　　 代表権がない者の行為の効果が会社に及ぶとき

49 ◆ 取締役会の権限、招集手続きと決議の方法 ········· 122
　　 書面またはｅメール等で取締役会決議があったとみなせることも

50 ◆ 特別利害関係人 ·· 124
　　取締役会と株主総会では取扱いが異なる

51 ◆ 会計参与 ·· 126
　　中小企業の決算の正確性を増進する。損害賠償責任も負担

52 ◆ 監査役 ·· 128
　　会計監査と業務監査の双方を行うのが原則

53 ◆ 監査役会 ·· 130
　　大規模な会社の組織的監査

54 ◆ 会計監査人は会計のプロ ··· 132
　　小規模会社でも設置できる

55 ◆ 指名委員会等設置会社とはどのような会社か ····························· 134
　　３つの委員会で経営の透明性を確保する

56 ◆ 指名委員会等設置会社の取締役、取締役会の役割 ························ 136
　　強い権限をもつため、取締役の任期は１年と短い

57 ◆ 指名委員会等設置会社の委員会（１） ··································· 138
　　指名委員会と報酬委員会の役割

58 ◆ 指名委員会等設置会社の委員会（２） ··································· 140
　　監査委員会の役割

59 ◆ 執行役、代表執行役 ··· 142
　　執行役は取締役でなくてもよい

60 ◆ 監査等委員会設置会社 ··· 144
　　平成26年（2014年）改正で創設された

61 ◆ 役員等の会社に対する損害賠償責任 ······································ 148
　　過失責任が原則だが、無過失責任の場合もある

62 ◆ 株主代表訴訟 ·· 150
　　株主が会社に代わって役員の責任を追及する

63 ◆ 多重代表訴訟 ──────────────── 152
親会社の株主が子会社の役員に株主代表訴訟を起こせる

64 ◆ 補償契約、D&O保険契約 ──────── 154
会社と取締役らの利益相反の調整

第4節 ファイナンス（資金調達）

65 ◆ 新株発行（1） ───────────── 156
資金調達方法と新株発行手続き

66 ◆ 新株発行（2） ───────────── 158
現物出資規制、デット・エクイティ・スワップ、新株発行の差止め

67 ◆ 支配株主を変更する新株発行と株主総会決議 ──── 160
公開会社でも新株発行に株主総会決議が必要とされる場合

68 ◆ 授権資本 ──────────────── 162
機動的な資金調達と既存株主の地位確保のバランス

69 ◆ 新株予約権 ─────────────── 164
資金調達にもストック・オプションにも利用できる

70 ◆ 社債（1） ───────────────── 166
社債にも大企業版と中小企業版がある

71 ◆ 社債（2） ───────────────── 168
機動的な社債発行、新株予約権付社債

72 ◆ 株式公開のメリット、非公開化のメリット ────── 170
非公開化（ゴーイング・プライベート）を目指す会社も

第5節　決算と配当

73 ◆ 会計帳簿と計算書類 ·· 172
　　貸借対照表、損益計算書、株主資本等変動計算書、個別注記表

74 ◆ 決算 ··· 174
　　臨時計算書類、連結計算書類もある

75 ◆ 資本、準備金 ·· 176
　　剰余金分配規制と相まって会社財産を維持する

76 ◆ 剰余金の分配規制 ·· 178
　　債権者保護の役割を担う剰余金分配規制

77 ◆ 違法な剰余金分配の責任 ···································· 180
　　財源規制に違反して剰余金分配がなされたらどうなる？

78 ◆ 資本の減少、準備金の減少 ·································· 182
　　株主総会の普通決議で減資できる場合も

第6節　組織再編とM＆A

79 ◆ M＆Aとデュー・ディリジェンス ····························· 184
　　M＆Aの目的と手段はさまざま

80 ◆ 合併とは ··· 186
　　吸収の対価は自社株でも親会社株式でも金銭でもよい

81 ◆ 事業譲渡とは ·· 188
　　合併とは異なるメリット・デメリット

82 ◆ 子会社株式の譲渡と親会社の株主総会決議 ·············· 190
　　一定の子会社株式譲渡には親会社の株主総会特別決議が必要

83 ◆ 純粋持株会社、株式交換、株式移転 ····················· 192
　　完全親子会社をつくる

84 ◆ 会社分割とはどのようなものか ──────────── 194
　事業譲渡を組織法的に行う

85 ◆ 簡易組織再編と略式組織再編 ──────────── 196
　株主総会決議が不要となることも

86 ◆ 組織再編の差止め ──────────────────── 198
　会社の合併等を事前に差し止められる

87 ◆ 株式取得、TOB、MBO ────────────── 200
　会社の支配を獲得する

88 ◆ 敵対的買収に対する防衛策（1） ─────────── 202
　新株や新株予約権の発行

89 ◆ 敵対的買収に対する防衛策（2） ─────────── 204
　ポイズンピルと黄金株

90 ◆ 債権者を害する会社分割や事業譲渡に対する規制 ────── 206
　濫用的会社分割への対抗策

第7節　設立・解散・清算

91 ◆ 株式会社のつくり方 ──────────────── 208
　定款作成、株式発行価額の払込み、設立登記

92 ◆ 現物出資・財産引受け・事後設立 ─────────── 210
　目的財産の評価が問題になる

93 ◆ 設立費用 ────────────────────── 212
　会社設立にかかった費用は誰が負担するか

94 ◆ 解散とはどのようなものか ─────────────── 214
　会社を清算して法人格をなくすための出発点

95 ◆ 清算とはどのようなものか ─────────────── 216
　通常清算と特別清算がある

第4章

持分会社、有限会社

96 ◆ **持分会社とはどのような会社か** ················· 220
　　合名会社、合資会社、合同会社の3つ

97 ◆ **合同会社の特徴（1）** ···························· 222
　　社員は有限責任社員のみ

98 ◆ **合同会社の特徴（2）** ···························· 224
　　設立、ガバナンス、利益配当、持分譲渡、退社、定款変更

99 ◆ **合名会社はどのような会社か** ················· 226
　　無限責任社員1人でも存続可能

100 ◆ **合資会社の特徴は** ······························· 228
　　合名会社と合同会社の中間

101 ◆ **株式会社、持分会社の組織変更** ·············· 230
　　すべての持分会社は株式会社に組織変更できる

102 ◆ **有限会社** ··· 232
　　現在でも整備法上の特例有限会社として存在する

索引　234

◎本文イラスト／手塚かつのり
◎本文組版／ダーツ

会社法とはどのようなものか

会社法

第1編　総則（1条〜）

第2編　株式会社

　　第1章　設立（25条〜）

　　第2章　株式（104条〜）

　　第3章　新株予約権（236条〜）

　　第4章　機関（295条〜）

　　第5章　計算等（431条〜）

　　第6章　定款の変更（466条）

　　第7章　事業の譲渡等（467条〜）

　　第8章　解散（471条〜）

　　第9章　清算（475条〜）

第3編　持分会社

第4編　社債

第5編　組織変更、合併、会社分割、
　　　　株式交換、株式移転及び株式交付

第6編　外国会社

第7編　雑則

第8編　罰則（〜979条）

令和元年改正会社法の最重要ポイント

◎株主総会資料の電子提供（インターネットでの提供）

◎株主が株主総会に提案できる議案数の制限

◎議決権行使書面の閲覧制限

◎取締役の個別報酬決定方針の定め方

◎株式報酬

◎補償契約

◎役員等賠償責任保険契約（D&O保険契約）

◎取締役ら役員への責任追及訴訟での和解

◎社外取締役への業務執行委託

◎上場会社等に１人以上の社外取締役設置義務化

◎株式交付による子会社化

◎社債管理補助者

◎成年被後見人等の取締役等欠格事由からの削除

◎支店所在地における登記義務廃止

1 会社法とはどのようなものか

◉会社法とは

会社法は、会社の設立、組織、運営及び管理について定めた法律です（1条）。

企業は、持続的・計画的に営利行為を行う経済的存在であり、営利性の追求を特性とします。会社法とは、会社が企業としてのこの特性を実現するため、会社、株主、取引の相手方等の利益バランスを調整すべくつくられた、技術的な法律なのです。

平成17年（2005年）6月29日、それまで会社に関して規定していた商法の第2編、有限会社法、株式会社の監査等に関する商法の特例に関する法律がひとつにまとめられ、「会社法」という名前の単体の法律として制定されて、平成18年5月1日に施行されました。「会社法」自体の歴史はまだ浅いといえます。

◉会社法施行規則、会社計算規則等

会社法は979条まである大法典です。しかし、企業活動のさまざまな場面で、会社とそのステークホルダー（利害関係者）の関係を適切にルール化するためには、より細則的な定めも必要となります。会社法は、その細則を法務省令に委任し、これを受けた法務省令として、会社法施行規則、会社計算規則等が存在します。会社法施行規則は会社法全体についての細則を、会社計算規則は主として会社の計算に関する細則を定めています。なお、有限会社については、会社法の施行に伴う関係法律の整備等に関する法律（以下「整備法」）が会社法の特則を定めています。

◉会社法の改正

平成26年（2014年）6月20日に成立した最初の大規模な改正では、コーポレートガバナンスの強化、親子会社に関する規律の整備を目的とし、監査等委員会設置会社創設、子会社取締役らに親会社株主が株主代表訴訟を起こせる多重代表訴訟創設等の改正が行われました。

その5年後、令和元年（2019年）12月4日、2度目の大規模な改正が成立

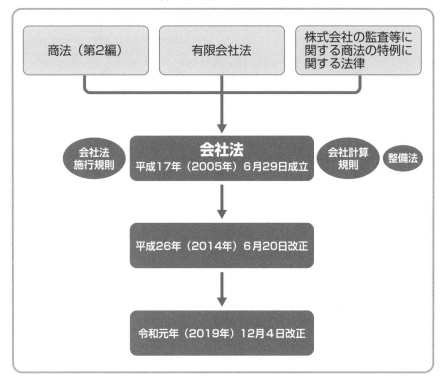

◆会社法の成り立ちと改正◆

商法（第2編）　　有限会社法　　株式会社の監査等に関する商法の特例に関する法律

会社法施行規則

会社法
平成17年（2005年）6月29日成立

会社計算規則　整備法

平成26年（2014年）6月20日改正

令和元年（2019年）12月4日改正

しました。原則として令和3年（2021年）3月1日に施行されたこの改正は、企業統治ルールの見直し等を目的とし、株主総会資料のインターネットによる電子提供、上場会社等への社外取締役設置義務化、役員報酬の透明化、株主提案権の制限、株式交付による子会社化、取締役等の責任追及訴訟での和解のあり方、議決権行使書面等の閲覧制限等々の改正が行われています。その内容は多岐にわたり、大企業にも中小企業にも影響を与える改正です。

◉今後

　会社法は、企業活動を支える技術的な法です。ですから経済のグローバル化、社会情勢の変化に応じ、今後も改正が繰り返される運命にあります。

　会社法は、常に改正等に関心を払う必要がある法律なのです。

　令和元年（2019年）12月4日、会社法の一部を改正する法律（令和元年改正会社法）が成立しました。施行は、令和3年（2021年）3月1日です。なお、株主総会資料の電子提供制度（本項①）、及び会社支店所在地における登記義務廃止（本項⑭）は、システムを整える関係で公布の日（令和元年12月11日）から3年6か月を超えない時期に施行されることになっていたところ、その施行日は令和4年（2022年）9月1日となりました（令和3年12月17日政令第334号）。令和元年改正会社法（以下この項において「改正法」）の重要ポイントは次のとおりです。

◉株主総会に関するルール改正

①株主総会資料の電子提供（インターネットでの提供）

　改正法は、株主の個別の承諾を得なくても、株主にインターネット（自社ホームページ等）で事業報告や計算書類等の株主総会資料を提供できることにしました（325条の2〜325条の7）。インターネットで提供するのであれば、印刷費用等が省けますし、より早く株主に情報を提供することが可能となります。会社は、定款に定め、株主総会資料を自社のホームページ等のウェブサイトに掲載し、株主にそのURLを書面により通知することで、株主総会資料を提供したことになります。なお、インターネットを利用することが困難な株主のため、株主が会社に資料を書面で提供するよう請求した場合は、会社は書面を交付しなければなりません。

　上場会社はこの制度を利用することが義務づけられます。他方、中小企業を含む非上場会社（以下、単に「非上場会社」）は、義務ではなく、この制度を利用することが「できる」とされました。

②株主が株主総会に提案できる議案数の制限

　総株主の議決権の100分の1以上の議決権を有する等の株主は、株主総会の日の8週間前までに会社に通知することで、株主総会に議案を提出できます（305条）。しかし、1人の株主から非常に多くの提案がなされるなど濫用される場合もあったため、改正法は、1人の株主が1つの株主総会で提案で

◆令和元年改正会社法のポイント◆

株主総会に関するルール改正

| 株主総会資料のインターネットでの提供 | 株主提案議案数の制限 | 議決権行使書面閲覧制限 |

取締役等に関するルール改正

個別報酬決定方針を取締役会で決める　株式報酬　補償契約　D&O保険契約　責任追及訴訟での和解

社外取締役への業務執行委託　社外取締役設置義務

その他

株式交付による子会社化　社債管理補助者　成年被後見人等も取締役になれる

支店所在地での登記義務廃止

きる議案の数を10個までに制限しました（305条4項）。

この改正は、上場会社、非上場会社を問わず適用があります。

③議決権行使書面の閲覧制限

株主は、株主総会に提出された議決権行使書面の閲覧請求ができます。改正法は、議決権行使書面に記載された他の株主の情報が濫用されることを防ぐため、閲覧請求では請求理由を明らかにしなければならず、それが株主権の行使に関する調査以外の目的である場合等であれば、会社は閲覧請求を拒否できるとしました（311条4項、5項等）。

この改正も、上場会社、非上場会社を問わず適用があります。

●取締役等に関するルール改正

④取締役の個別報酬決定方針の定め方

大多数の会社で、個別取締役の具体的な報酬額は、取締役会や代表取締役が決めてきました。しかしそれでは適正な報酬か否かが株主にわかりにくいといえます。そこで改正法は、上場会社では、取締役会において、定款や株主総会決議で取締役の個人別報酬が具体的に定められていない場合は、その「決定方針」を定めなければならないとしました（361条7項）。

⑤株式報酬

取締役が会社の株式を報酬として与えられるならば、業績を向上させる等のインセンティヴ（動機）になり得ます。そこで改正法は、上場会社が取締役に報酬として株式を交付する場合は、その株式の対価たる金銭を取締役から会社に支払ってもらう必要はないとし、取締役の職務執行の対価として株式を与えることができることを明確にしました（202条の2）。

⑥補償契約

取締役らが株主代表訴訟等で責任を問われたときに生じる弁護士費用等を会社が当該取締役らに支払う契約（補償契約）を締結することは、役員の人材確保や、役員が思い切って職務を執行することを容易にします。しかし、そのような補償契約は、会社と取締役の利益相反取引の面もあるため、適法かどうかはっきりしていませんでした。そこで、改正法は、補償契約の手続き、補償範囲等にルールを設け、それらによれば利益相反取引には該当しないことを明確にしました（430条の2）。この改正も、上場会社、非上場会社を問わず適用があります。

⑦役員等賠償責任保険契約（D&O保険契約）

　役員等賠償責任保険契約は、会社が掛け金を負担し、取締役ら役員が職務執行に関し損害賠償責任を負う場合に、その損害賠償金を保険金で補填する保険契約です。いわゆるD&O保険（Directors & Officers保険）契約等がこれに該当します。

　既にこの保険は、役員の人材確保や職務執行の萎縮防止に役立つため上場会社を中心に広く普及しています。しかし、この保険契約も会社と役員の利益相反に当たる面を持ち、適法かどうかはっきりしていませんでした。そこで改正法は、取締役会決議等によって役員等賠償責任保険契約の内容が決められた場合は、利益相反契約に当たらないことを明確にしました（430条の3）。この改正も、上場会社、非上場会社を問わず適用があります。

⑧取締役ら役員への責任追及訴訟での和解

　株主代表訴訟に会社が参加した場合や、会社自身が取締役ら役員に損害賠償を求める訴訟を起こした場合、会社と取締役等が和解する場合があります。しかし、その和解においては、会社が取締役らに遠慮して不当に取締役らに有利な和解をするリスクがあります。それを防ぐため、改正法は、和解するには各監査役（個別の監査役全員）の同意を得なければならないとしました（監査等委員会設置会社では各監査等委員。指名委員会等設置会社では各監査委員：849条の2）。

　この改正も、上場会社のみならず、監査役を設置している会社（監査役の監査範囲を会計に限定している会社を除く。2条9号）であれば、非上場会社にも適用があります。

⑨社外取締役への業務執行委託

　たとえば、親会社と子会社が取引をする場合、子会社取締役が親会社の利益を図り子会社に不利な取引をする可能性があります。親会社の業務執行のライン上にいることも多い子会社取締役と、子会社自身との間で利益相反が生じているのです。そこで改正法は、会社と取締役が利益相反状況にあるとき等は、取締役会の決議で、社外取締役に当該業務を委託できるとしました（348条の2）。この改正も、上場会社、非上場会社を問わず対象となります。

⑩上場会社等に1人以上の社外取締役設置義務化

　既に、ほとんどすべての上場会社には社外取締役が存在しています。しか

し、改正法によって、監査役会設置会社である上場会社等（有価証券報告書提出義務のある会社）には、社外取締役が必ず存在することを海外機関投資家に認識させる等の目的で、社外取締役を1人以上置くことが義務とされました（327条の2）。

◉その他の改正ポイント

⑪株式交付による子会社化

A社が、A社の株式を対価にB社の株式を取得して子会社化する場合、その手段として株式交換手続等があります。しかし、株式交換ではB社の株式を100％取得しなければならない（2条31号）等の制約があります。そこで改正法は、より柔軟に他社を子会社化できる手続きを新設しました。それが株式交付です。これによって、たとえばA社がB社の株式51％を取得してA社の子会社にしようとするときも、A社は、自社の株式を対価としてB社の株式を取得できるようになりました（2条32号の2、774条の2以下）。この改正も、上場会社、非上場会社を問わず適用があります。

⑫社債管理補助者

会社が社債を発行する場合、社債の金額が1億円以上である場合（702条ただし書き）、50名未満の者に発行する場合（702条ただし書き、会社法施行規則169条）という例外を除いて、銀行や信託会社を社債管理者としなければなりません。しかし、これまで実際には、敢えて上記例外に該当する形で発行して社債管理者を置かないケースが多かったのです。これでは個々の社債権者の手続的保護等に欠けるため、改正法は、上記例外に当たる場合でも、「社債管理補助者」を置くことができる制度を新設しました（714条の2以下）。この改正も、上場会社、非上場会社を問わず適用があります。

⑬成年被後見人等の取締役等欠格事由からの削除

判断能力に問題がある人の財産管理のため、家庭裁判所が後見人や保佐人をつける制度があります（以下「成年後見制度等」）。他方、高齢化社会の中で取締役等のまま判断能力が衰えていく場合も多く、そのような人も成年後見制度等を利用しやすくする必要があります。改正法は、取締役及び監査役の欠格事由から、成年被後見人（後見人がついている人）、被保佐人（保佐人がついている人）を削除しました（331条1項、335条1項）。この改正も上場会社、非上場会社を問わず適用があります。

⑭支店所在地における登記義務廃止

　改正法は、会社の支店所在地における登記義務をなくしました（改正前会社法930条から932条までを削除）。支店所在地で行っていた商号、本店・支店の所在場所の登記をする必要はなくなります。インターネットを利用した登記情報取得が容易になるなど実際上の必要性が乏しいためです。この改正も、上場会社、非上場会社を問わず適用があります。

第 2 章

会社とは何か

コーポレートガバナンス、内部統制

◎会社とは

◎社員とは

◎特例有限会社とは

◎４種類の会社の違いは

◎なぜコンプライアンス（法令遵守）が強調されるのか

◎コンプライアンスの意義とは

◎会社は誰のためにある？

◎コーポレートガバナンスの議論とは

◎内部統制システムの具体的な内容は

◎日本版ＳＯＸ法

◎親会社とは

◎なぜ子会社は親会社株式を取得できないのか

◎商号とはどんなもの？

◎類似商号が使われたときは

◎株主にも賄賂罪

3 会社とは何か

◉「会社」とは何か

　会社法でいう「会社」とは、株式会社、合名会社、合資会社及び合同会社のことです（2条1号）。いずれも法人であり（3条）、会社が事業に関して行う行為は商行為とされています（5条）。

　法人とは、法律上、権利義務の主体となることを認められたもののことであり、商行為とは、営利性の高い行為のことです。したがって、会社とは、営利性の高い行為を行い、権利義務の主体となることが認められた存在で、具体的には上記の4種のことをいいます。

　会社には出資をする人がいます。会社というと複数の人々が出資してつくる組織というイメージですが、会社法はいずれの会社でも社員が1人でもいれば解散しないと定めています（641条4号）。なお、会社法で「社員」というと出資者を意味し、従業員のことではありません。会社の出資者は1人でもよいのです。

　この4種の会社のうち、合名会社、合資会社、合同会社の3種を総称して「持分会社」と呼びます。

　また、会社法がそれまでの商法から独立して単体の法律としてて施行された平成18年5月1日より前は、有限会社という種類の会社がありました。この有限会社は、会社法の下でも「特例有限会社」として存続しています。

　特例有限会社は、会社法上の株式会社なのですが、商号は、株式会社ではなく「有限会社」と称することを義務づけられ、また、廃止された有限会社法と実質的に同様のルールで運営できます。特例有限会社については、整備法の2条〜46条に規定されています。

　結局、会社法でいう会社には、大きく分けて株式会社と持分会社がある。持分会社のなかには合名会社、合資会社、合同会社の3種がある。ただし、株式会社のなかには、整備法によって会社法施行前までの有限会社法と同様のルールでの運営が認められた特例有限会社が存在するのです。

◆会社の定義◆

> 営利性の高い行為を行い、権利義務の主体となること
> を認められたもの。社員が1人でもいれば会社は解散
> しない

> **株式会社、持分会社（合名会社、合資会社、合同会社）**

◉4種類の会社の違い

　株式会社と持分会社の違いは、出資者の地位が株式か持分かです。株式は転々と流通させることが可能ですから、広く資本を集めて大規模会社をつくれるシステムが株式会社です。社員＝株主がすべて有限責任であることも、広く出資者を募ることを可能にします。他方、持分は、譲渡に社員の同意が必要である等、広く流通することを予定していません。そのため、持分会社は、少数の信頼しあえる仲間の集まりで運営される会社です。

　持分会社の中での区別は次のとおりです。合名会社は、会社の債権者に対して会社が弁済できないときに社員の個人財産で責任を負う無限責任社員のみで構成される会社です。合資会社は、この無限責任社員と、会社に出資した価額のみを限度として責任を負えばよい有限責任社員の2種類の社員から構成される会社です。合同会社は、すべて有限責任社員で構成される会社で、この点で株式会社に似ています。しかし会社の運営について社員全員が関与できるという点で合名会社や合資会社と似た会社です。

4 コンプライアンス（法令遵守）

◉コンプライアンスの背景

　コンプライアンス（Compliance）とは、法令遵守のことです。本来、企業活動にせよ個人の行為にせよ、法令を守るのは当然のことです。にもかかわらず、なぜこの言葉が強調され続けているのでしょうか。

　理由のひとつとして、大がかりで組織的な談合、上場会社の情報開示手段である有価証券報告書等への虚偽記載、インサイダー取引、個人情報の漏洩、贈収賄、架空利益計上、簿外債務の発覚など、大企業の不祥事が後を絶たないことがあげられます。これらに対する社会的な非難が高まるなかで、違法行為をしないという経営姿勢を意識的に維持しなければ、会社の存続そのものが危うくなることが広く認識されるようになったのです。

　もうひとつの理由は、経済の国際化、自由化（規制緩和）の進展です。国際化のなかで、投資の対象としても、企業提携の対象としても、対外的な説明責任（アカウンタビリティ＝Accountability）を果たすことが厳しく求められます。しかし、違法行為をしていたのでは本当のことを説明することはできません。経営に透明性（トランスペアランシー＝Transparency）を確保できないのです。そのような企業は国際的な信用を得ることができません。また、自由化（規制緩和）は、最低限のルールの存在を必要とします。それがなければ公正な競争が成り立たないからです。これらを背景にコンプライアンスが強調されるようになったというわけです。

◉コンプライアンスの意義

　コンプライアンスには2つの意義があります。それは、リーガルリスク（法的リスク）の回避と社会信用リスクの回避です。法的リスクの回避とは、たとえば贈収賄事件や粉飾決算などにおける刑事責任や、損害賠償などの民事責任、そして許可・認可の取消しという行政処分等の法律上の処罰を受けないようにすることです。社会信用リスクの回避とは、法的リスクの回避を含め、そこに至らないまでも、企業の活動や従業員の行為について、社会倫理的な非難を受けることのないようにすることです。

◆コンプライアンスの対象となる法律◆

　しかし、コンプライアンスといっても、いったいどのような法令を守らなければならないのでしょうか。守るべき法令は非常に多く、そのなかには誰でも感覚的に理解できるもの（たとえば恐喝や贈賄など）から、知識がないと判断が困難なようなもの（たとえばインサイダー取引など）まで、いろいろなレベルのものがあります。また、たとえば、金融機関が投資信託を販売するにあたってどの程度まで、あるいはどのような方法で顧客にリスクを説明すれば十分かなどということは、顧客の投資経験を前提に、金融商品取引法、銀行法、金融商品販売法、消費者契約法、さらに判例に照らし初めて判断できる、あるいは違法か適法か裁判にならなければわからないようなケースもあり得ます。

　コンプライアンスは、"言うは易く行うは難し"なのです。もっとも重要なことは経営のトップが、重要性と困難性を認識することです。そのうえで、マニュアルを作成し、コンプライアンス・オフィサーたる弁護士等のアドバイスをトップから従業員まで気楽に受けられるようにし、法令の知識を配布し、コンプライアンス委員会等を組織し、研修を積み重ね、内部通報制度を実効的なものにし、問題に対してはその原因の特定と除去、再発防止策を講じることを継続していくことが必要なのです。

コーポレートガバナンスの議論とは

◉大企業の不祥事への批判が契機

コーポレートガバナンスという言葉が、頻繁に取り上げられるようになって久しくなります。コーポレートガバナンスとは、会社のあるべき統治システムのことです。総会屋への利益供与や官僚への接待による贈賄など、大企業の不祥事が重なり、なぜ企業が違法行為をし続けるのか？ 会社統治のシステム自体に原因があるのではないかが意識されているのです。

◉会社は誰のためにある？

この点に関し、「会社は誰のためにあるのか？」という議論がなされます。長い間、日本の大企業の多くは、株主ではなく経営者のために会社が支配されてきたといえます。株式も、銀行や保険会社、主要取引先などの安定株主が持ち、批判が出ないようにし、株主総会はできるだけ手短に終わるのが最良とされました。次期社長や取締役らを誰にするかの人事を握る社長に取締役会や監査役が意見するのも実際に困難という問題もありました。

このような経営に透明さと批判がないなかでは、社長に気に入られるためなら、違法行為すら出世のための必要悪、会社のための美徳と化してしまいます。しかし、会社の所有者は会社に出資をした株主です。株主以外にも、取引先、従業員、債権者、顧客等さまざまなステークホルダー（利害関係者）がいます。

会社は、経営者のためではなく、所有者である株主のためにあるということが基本です。そしてそれと共に、さまざまな関係者の利害と共にあることを常に意識する必要があるのです。

◉説明責任（アカウンタビリティ）

とすれば、株主の資産を預かって事業を担当している代表取締役らは、その資産の使い方について、株主や投資家らに理解してもらうための説明を偽りなく行う責任（説明責任＝アカウンタビリティ）があるはずです。これを果たそうと思えば、違法な経営はできません。「違法行為をしています」とは説明できないからです。現在、インターネットの発達もあり、違法行為に

◆コーポレートガバナンスが議論される目的は？◆

> **コーポレートガバナンスの議論とは何か？**
>
> 経営を透明化して適切な批判を受け入れられる会社の統治システムをつくるためにはどうしたらよいか、という議論
>
> **この議論の目的は何か？**
>
> 会社を違法行為や社会的非難から守り、また、もっとも適切な経営体制を常に維持して経営の効率化を図ること

対する社会の批判が、非常に大きくなっています。どんなビジネスも、究極的には社会を構成する消費者によって支えられていますから、これは会社の存続にもかかわります。ビジネスや投資の国際化という点でも情報を透明に開示しなければ、外国の取引先や投資家の信用が得られません。

◉**コーポレートガバナンス・コード**

　平成27年（2015年）に公表され東京証券取引所等で採用されたコーポレートガバナンス・コードは、上場会社のあるべき統治体制についての指針を示すものです。法律ではないものの、同コードの原則に従わない場合は理由を説明することが求められ、その取り組みがコーポレートガバナンス報告書で公表されています。また平成26年（2014年）には『責任ある機関投資家』の諸原則」（日本版スチュワードシップ・コード）が金融庁有識者検討会で策定されています。

◉**コーポレートガバナンスの議論とは何か**

　結局、コーポレートガバナンスの議論とは、経営を透明化し適正な批判を受け入れられる会社の統治システムをどうやってつくるかという議論なのです。そのことによって、会社を違法行為や社会的非難から守り、また、もっとも適切な経営体制を維持して経営の効率化を図ろうとする議論なのです。

6 会社の「目的」の範囲とは

会社が政治献金をすることに会社法上の問題はないか

◉「目的」は定款に記載される

　会社の定款には、必ず会社の「目的」を記載しなければならず（27条、576条）、これは登記によって公示されます（911条）。具体的には、「出版・印刷・製本並びにこれに付随する一切の業務を目的とする」とか、「土木及び建築工事の請負を目的とする」など、会社がどのような事業を営むのかを定めなくてはなりません。

　会社は営利を目的とするものですが、具体的にどのような営利活動をしようとするのかをはっきりさせる必要があるのです。

◉目的外の行為を行うことができるか

　判例によれば、会社は目的の範囲内のみにおいて権利を有し義務を負うことができるとされています。ですから、もし会社が目的外の行為をしてしまった場合、それは会社の権利能力の外の問題です。したがって、その行為は会社とまったく関係のない行為となってしまいます。

　これを逆に会社の取引の相手方からみると、その取引が会社の目的の範囲内かどうかを常に注意していなければ、後で何も会社に請求できないことになりかねないことを意味します。そこで判例は、会社の目的の範囲を非常に広く解することで妥当な結論を導こうとしています。すなわち、「目的の範囲とは、定款に記載された目的だけではなく、その達成に必要または有益な行為も含む」と解しているのです。

◉寄付や献金の取扱いは

　それでは、会社が営利事業などで得たお金を福祉事業に寄付したり、あるいは政治献金に使ったりする場合、そのような行為は会社の目的の範囲内といえるのでしょうか。

　会社が政治献金をすることができるかが争われたケースにおいて、判例は、「会社がその社会的役割を果たすため相当程度の寄付をすることは、間接的にではあるが会社の目的達成のために必要な行為であり、その意味で政治献金もやはり会社の目的の範囲内といえる」としています（八幡製鉄政治献金

◆会社活動のために必要有益な行為は目的の範囲内◆

会社は
定款に記載された目的の範囲内のみ
で活動することができる

ある行為が目的の範囲内か否かはどうやって判断するか

定款に記載された目的自体だけでなく、そのために必要有益な行為も目的の範囲内

政治献金は会社の目的の範囲内といえるか

YES
間接的であるにせよ、会社の目的を達成するために必要な行為といえる(判例)

事件)。

　したがって、少なくとも会社法上は、会社が政治献金をすることはできるということになります。ただし、分不相応な多額の献金をしたときにはやはり問題になり、取締役らの責任が問われる場合もあるでしょう。なお、義援金や研究援助などへの寄付も、同じく広い意味で会社の目的の範囲内の行為ということができます。

7 内部統制システム

◉内部統制システムの構築

　会社法は、取締役会設置会社において内部統制システムの構築は取締役会の決定事項とし（362条、399条の13、416条）、資本金が5億円以上等の大会社ではこの構築を義務としています（362条5項）。

　内部統制システムとは、取締役等の職務の執行が法令及び定款に適合することを確保するための体制、その他株式会社の業務、並びに当該株式会社及び子会社で構成される企業集団の業務の適正を確保するために必要な体制です（362条4項6号）。

　企業集団の業務適正確保は、平成26年（2014年）改正によって会社法に規定されました。それまで会社法施行規則に定められていたものが、重要性に鑑み、法律そのものに規定されたのです。

　内部統制システムが目指すところは、あるべきコーポレートガバナンス、コンプライアンス体制の確立と、それを含んだうえでの会社業務の適正確保体制です。これが求められる背景には、大阪地裁平成12年9月20日判決（大和銀行株主代表訴訟）が、リスク管理体制の構築・その監視が取締役の義務と認めたこと、大企業の不祥事が社会に大きな影響を与えてコンプライアンス体制の確立が主張され続けていること、そのなかで企業の社会的責任（CSR＝Corporate Social Responsibility）が強調されていることが挙げられます。

　内部統制システムの具体的な内容は、会社法施行規則で定められています。それは、①取締役や執行役の業務執行情報の保存管理体制、②損失の危険管理に関する規程や体制、③取締役や執行役の職務執行の効率を確保する体制、④従業員の職務執行の法令、定款への適合性確保体制、⑤子会社の取締役らの職務執行情報の管理、保存体制、⑥子会社の損失危険管理体制、⑦子会社の取締役等職務の効率性確保体制、⑧子会社の取締役等の職務執行の法令、定款への適合性確保体制、⑨その他企業集団における業務適正確保体制、⑩監査役等による監査が独立して実効的になされる体制構築等です（会社法施

◆リスク管理体制を確立するために◆

行規則100条、112条）。

●日本版SOX法

　さらに上場会社の財務情報の適正確保に関する内部統制システムの構築については、会社法や会社法施行規則だけでなく、日本版SOX法（米国のサーベンス・オクスリー法〈SOX法〉にちなんだ通称）と称される金融商品取引法の条項の一部によっても義務化されています。

　すなわち、上場会社は財務計算その他の情報の適正を確保するために必要な体制について評価した報告書（内部統制報告書）を有価証券報告書と併せて内閣総理大臣に提出しなければならず、同報告書には、公認会計士または監査法人の監査証明を受けなければならない等とされています（同法24条の4の4）。

　財務を含む全体的な内部統制システムの構築義務については会社法や会社法施行規則で規定し、特に専門的な上場会社の財務情報の適正については、金融商品取引法でさらに具体的に規定しているというわけです。

8 親子会社に関する規制

◉親会社、子会社とは何か

　親会社、子会社という言葉は、会社法で頻繁に使われる言葉で、次のように定義されています。親会社とは、他の会社の総株主の議決権の過半数を有しているなどの方法で他の会社の経営を支配している会社であり、子会社とは、親会社によって支配されているほうの会社です（2条3号、4号、会社法施行規則3条）。この親子会社の定義は、金融商品取引法上、連結財務諸表を作成する範囲である親子会社（財務諸表等規則8条3項）の定義と同様です。定義にあてはまれば、外国会社も、日本の会社と親子会社の関係にあります。

　会社法は、子会社による親会社の株式取得制限、子会社による親会社の株主総会での議決権行使制限、監査役の兼任禁止や社外取締役の範囲等を定めており、多重代表訴訟（152ページ参照）、子会社株式の譲渡に親会社株主総会決議が必要な場合（190ページ参照）等を定めています。

◉子会社による親会社の株式取得規制

　子会社は、原則として親会社の株式を取得できません（135条1項）。

　なぜでしょう？　理由は、子会社は、親会社から支配されており、いわばその財産のようなものです。そのため、子会社による親会社株式取得を無制限に許すと親会社が自分の財産で自社株を買っていることと同様であり、自社株に関する財源規制等を免れることになるからです。

　例外として、子会社が、組織再編で親会社株式を取得する場合や、子会社が親会社の株式をいったん取得して、これを他の会社を吸収合併する際の対価に充てる場合（三角合併）等の際には、取得が認められます（135条2項）。ただし、この場合も、子会社は相当の期間内に親会社株式を処分しなければなりません（135条3項）。

◉議決権行使制限

　子会社は、たとえ親会社の株式を保有したときでも、親会社の株主総会で議決権を行使できません（308条）。会社法は、この点について、たんに親子

◆子会社には規制が多い◆

親会社 ＝ 議決権の過半数を有するなどによって他の会社の経営を
支配している会社

子会社 ＝ 上記における「他の会社」

規制等　子会社は、

①親会社の株式を原則として取得禁止

②親会社の議決権を行使できない
（自社の4分の1以上の議決権を有する会社の株主総会での議決権は行使できない）

③監査役の兼任禁止規定、社外取締役、社外監査役の範囲の基準の1つ 等

会社についてだけでなく、より広く、会社（A社）が、他の会社（B社）の総株主の議決権の4分の1以上を有する場合や、その他の理由でA社がB社の経営を実質的に支配可能なときは、B社は、A社の株主総会で議決権を行使できないとします（308条）。ここでは、4分の1の議決権も基準とされているので、親子会社の定義だけより広い制限といえます。

なぜ、このような規制をしているのでしょう？　それは、被支配会社は支配会社の意向で動くので、被支配会社が支配会社の議決権を行使できるとすると、支配会社の経営陣の意のままに、被支配会社を通じて、支配会社の株主総会が操られてしまうおそれがあるからです（支配の歪曲化防止）。同じ理由で、会社は、自ら所有する自己株式について議決権を有しません（308条2項）。

●監査役の兼任禁止範囲等

そのほかにも子会社という言葉は、監査役の兼任禁止の範囲（335条2項）、社外取締役（2条15号）、社外監査役（2条16号）の定義などにも出てきます。これらすべてが、経営を支配しているかどうかという実質的な親子会社の定義を前提としますから、その判断にあたっては注意が必要です。

第2章　会社とは何か――コーポレートガバナンス、内部統制

◉商号とは何か

商号とは営業上の名称で、商法、会社法、不正競争防止法、商業登記法等でさまざまな規制がかけられているものです。

個人商店では、商号を用いるかどうか、用いたとしても登記するかどうかは自由です。どのような商号を用いるかも原則として自由です（商法11条）。会社は数個の商号を使用することはできませんが、個人が数個の営業をしているときには、数個の商号を使用することができます。ちなみに、営業外の関係で用いる「雅号」は商号ではありません。

◉商号のなかに会社の種類を明示しなければならない

会社は、会社の名称そのものが商号です（6条1項）。その商号には、会社の種類、すなわち、株式会社、合名会社、合資会社、合同会社のいずれかの文字を用いなければなりません（6条2項）。特例有限会社は、有限会社の文字を用いる必要があります。

また、他の種類の会社と誤認されるおそれのある文字を商号に用いてはなりません（6条3項）。逆に、会社でないものは、商号のなかに「会社」という文字、その他、会社と誤認されるような文字を使ってはなりません（7条）。これらに違反すると過料の制裁があります（978条）。会社か個人か、あるいはどの種類の会社なのかによって、対外的責任の態様が異なるからです。

◉類似商号が使われたら

既に同一商号、同一住所で登記されている会社が存在する場合は、新たにこれと同じ登記をすることはできません（商業登記法27条）。会社の区別が、商号と本店所在地によってなされるので、混同を招くからです。

商号を登記していてもいなくても、他人が不正目的（不正競争の目的に限らず、消費者を混乱させるなどして営業を妨害して不当な利益を得ようとする場合なども含む）によって、自分の会社と誤認されるような名称、商号を使用し、これによって自己の営業に損害が生じるようなときは、その使用を

◆商号を考えるときの留意点◆

- ●会社の種類を入れなければならない
- ●同一商号、同一住所で同じ登記はできない
- ●不正目的で他人の商号を使ってはならない
- ●広く認識されている他人の商号を使って他人の営業と混同させてはならない
- ●他人の非常に有名な（著名な）商号を使ってはならない

やめることを請求できます（8条、商法12条）。

　どのような場合に誤認されるような商号が使われたといえるかについて、判例は、「商号の主要部分で類似していれば足り、商号全体が類似している必要はない。取引の実情を考慮して、誤認の恐れがあるかを判断する」としています。なお、会社の種類が違うから商号が類似していないということにはなりません。

　不正競争防止法によっても規制がかかっています。既登記、未登記を問わず、広く認識されている商号であれば、類似商号を使用して、その商品や営業と混同を生じさせるような行為がなされ、そのため利益が害されるおそれがある場合、また、著名な商号と類似の商号等が使用された場合は、それらの行為をやめさせることや損害賠償請求、信用回復措置請求などができます（不正競争防止法2条1項1号、2号、3条以下）。

◉**他人に自分の商号利用を許したら**

　自分（A）の商号を利用して営業することを他人（B）に許した場合、Bの取引先がBをAと誤認して取引したときは、AはBと連帯してその取引上の債務を負うことになります（9条、商法14条）。名板貸人の責任といわれるもので、商号を信頼した取引の相手方を保護するためです。

特別背任罪は10年以下の懲役で時効は7年

◉会社法は刑法の特別法でもある

会社法は、会社をめぐるさまざまな犯罪について定めた刑法の特別法でもあります。たとえば、刑法にも背任罪があるものの（刑法247条）、会社法は、特に取締役らの会社に対する背任行為について刑法より厳しい刑を定めています。総会屋対策のひとつである株主の権利行使に関する利益供与罪という特別な犯罪も会社法が定めています。

コンプライアンス上重要な知識となるものです。チェックしておきましょう。

◉取締役等の特別背任罪（960条）

株式会社の取締役、会計参与、監査役、執行役等が、自分や第三者（自分でも会社でもない者）の利益を図るため、または会社に損害を与えるため、任務に背いて会社に損害を与えたときに成立する犯罪です。法定刑は10年以下の懲役または1,000万円以下の罰金で、両方を科される場合もあります。金融機関の代表取締役が回収不能なのに貸付けを実行させたなどが典型例です。刑法の背任罪は5年以下の懲役または50万円以下の罰金ですから、これよりはるかに厳しく定められています。時効は行為のときから7年と長く（刑事訴訟法250条2項4号）、取締役等が任務に背いて会社に損害を与えると、責任を問われる可能性を長期間負担し続けることになります。

◉会社財産を危うくする罪（963条）

たとえば、株式会社の取締役が、新株発行や新株予約権発行に際して行われた現物出資に関し、その現物の価額の評価について裁判所や株主総会に虚偽の説明をしたときに成立します。法定刑は5年以下の懲役または500万円以下の罰金で、両方を科される場合もあります。剰余金分配規制に反して配当したときも同様です。これらは、会社債権者の唯一の引当てである株式会社の財産を危うくするものですから、厳しい処罰の対象になっています。

◉株式の超過発行の罪（966条）

取締役や執行役等が、会社の発行可能株式総数を超えて株式を発行したと

◆注意すべき犯罪はたくさんある◆

犯 罪 名	刑 罰
取締役等の特別背任罪（960条）	10年以下の懲役または1,000万円以下の罰金
会社財産を危うくする罪 　　　　　　　　（963条）	5年以下の懲役または500万円以下の罰金
株式の超過発行の罪 　　　　　　　　（966条）	5年以下の懲役または500万円以下の罰金
株主等の権利の行使に関する 贈収賄罪　　　　　（968条）	5年以下の懲役または500万円以下の罰金
株主等の権利の行使に関する 利益供与の罪　　　（970条）	3年以下の懲役または300万円以下の罰金

きに成立します。法定刑は、5年以下の懲役または500万円以下の罰金です。

●株主等の権利の行使に関する贈収賄罪（968条）

　株主総会での発言や議決権行使に関して、不正の請託（依頼）を受けて財産上の利益を得たり、要求した場合に成立します。5年以下の懲役または500万円以下の罰金が法定刑です。その利益を与えた者も同様です。

　総会屋対策のひとつとされ、判例は、会社の役員が、経営上の不正や失策の追及を免れるため、株主総会での公正な発言または公正な議決権の行使を妨げることを株主に依頼して財産上の利益を与えたときは、ここでいう不正の請託にあたるとしています。

●株主等の権利の行使に関する利益供与の罪（970条）

　上記の贈収賄罪は、不正の請託の立証が難しいため、総会屋対策として利用される機会が多いのがこちらの罰則です。取締役や従業員が、株主総会の議決権行使や発言などに関し、会社またはその子会社の財産から財産上の利益を与えた場合に成立します。法定刑は3年以下の懲役または300万円以下の罰金です。利益を与えられた者（総会屋側）も同様です。利益を要求しただけでも犯罪が成立しますから、総会屋対策の武器として有用な規定です。

株式会社

第1節　株式会社の特徴

◎所有と経営の分離
◎最低資本金はいくらか
◎剰余金分配規制とは

第2節　株主と株式

◎株主とは
◎株主の権利とは
◎株主平等原則の例外
◎株式譲渡制限会社とは
◎種類株式
◎黄金株
◎自社株取得の手続きは
◎キャッシュアウトの方法は
◎なぜ株式消却を行うのか

第3節　組織と運営

◎株式会社の機関には何がある？
◎監査等委員会設置会社の委員は
　株主総会で選ばれる
◎社外取締役の資格要件
◎株主総会の決議事項
◎株主総会の招集通知をeメール
　で送るとき
◎株主提案議案の個数制限
◎種類株主総会が開かれるとき
◎取締役の任期
◎取締役の報酬はどのようにして
　決める？
◎誰が取締役会を招集する？
◎指名委員会等設置会社とは
◎監査等委員会設置会社とは
◎株主代表訴訟とは
◎多重代表訴訟とは

第4節　ファイナンス
（資金調達）

◎株式会社の資金調達方法に
　は何がある？
◎新株はどのようにして発行
　する？
◎新株発行により支配株主が
　変わるときのルール
◎新株予約権の発行手続きは
◎社債発行の手続きは
◎株式公開のメリット・デメ
　リット

第5節　決算と配当

◎会社法が定める計算書類
◎財務諸表
◎決算の基本的な流れ
◎資本と準備金の違い
◎株主への配当や自社株取得
　についての規制
◎どんなときに減資が行われる？

第6節　組織再編とM＆A

◎M＆Aの法的手段にはどんなものが
　ある？
◎合併手続きの注意点
◎事業譲渡のメリット・デメリット
◎簡易事業譲渡と略式事業譲渡
◎子会社株式の譲渡でも株主総会特別
　決議が必要になるとき
◎会社分割と事業譲渡の違い
◎会社分割時の労働者の承継
◎簡易組織再編と略式組織再編
◎組織再編の差止め対象が拡大された
◎敵対的買収への防衛策
◎債権者を害する会社分割や事業譲渡
　への規制とは
◎株式交付とは

第7節　設立・解散・清算

◎株式会社はどうやってつくる？
◎なぜ現物出資に規制がある？
◎会社設立にかかった費用の負担はど
　うなる？
◎会社解散と清算とはどう違う？
◎清算にも種類がある

11 株式会社の特徴

◉多数の人からお金が集めやすい

　株式会社は、他の種類の会社に比べ、大規模な会社をつくるのに適した会社です。なぜなら、社員の地位が「株式」という、内容が同じで個性のない単位の形にされているため、株式を取得して株主となる人は誰でもよく、株主は株式数に応じて平等に扱われます（株主平等原則：109条1項）。そのため不特定多数の人からお金を集めることができ、大きな資本をつくることができるからです。

　また、株主は、株式の引受価額を限度に出資義務を会社に対して負うだけで、会社の債権者から直接請求されることはありません（有限責任：104条）。安心して株式を取得して株主となれるのです。さらに、株主は自由に株式を譲渡できるのが原則です（株式譲渡自由の原則：127条）。そこで株式譲渡によって容易に投下資本を回収できます。株券は、流通を予定された有価証券で、重大な不注意がない限り無権利者からの譲受でも株主としての権利を取得できます（善意取得：131条2項）。上場会社では、株券が発行されず、株式譲渡は、保管振替制度の下でなされます。しかしこの場合も善意取得は認められます（社債、株式等の振替に関する法律144条）。

◉所有と経営の分離

　株主は、会社に出資した会社の共同所有者ですから、本来、会社経営全般の意思決定ができるはずです。しかし、実際の会社運営は専門的な仕事ですから、株主総会で選んだ取締役や執行役、取締役会で選んだ代表取締役や代表執行役に任せざるを得ません（所有と経営の分離）。ただ、定款変更や合併等、会社経営の基礎にかかわる重要な事項は、株主総会で決められます。

　この所有と経営の分離も、多数の人が株主となれるためのシステムです。

◉剰余金の分配規制

　株主が限られた責任しか負わない以上、会社債権者が最終的にあてにできるのは会社財産のみです。そこで会社法は、配当など会社の財産を社外に流出させる場合は、少なくとも剰余金（貸借対照表の資産から負債や資本金、

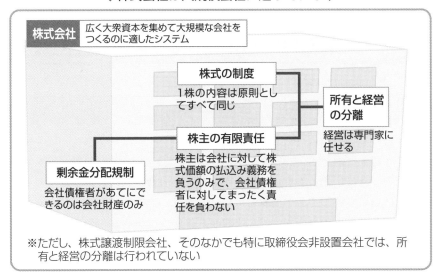

◆株式会社は大規模会社に適している◆

株式会社 広く大衆資本を集めて大規模な会社をつくるのに適したシステム

株式の制度

1株の内容は原則としてすべて同じ

所有と経営の分離

経営は専門家に任せる

株主の有限責任

株主は会社に対して株式価額の払込み義務を負うのみで、会社債権者に対してまったく責任を負わない

剰余金分配規制

会社債権者があてにできるのは会社財産のみ

※ただし、株式譲渡制限会社、そのなかでも特に取締役会非設置会社では、所有と経営の分離は行われていない

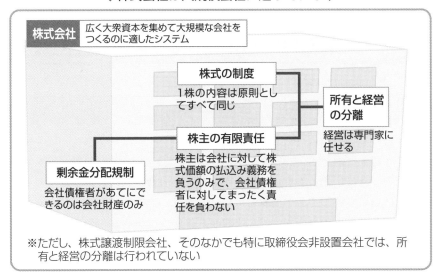

準備金などを控除した額）がなければならないとする剰余金分配規制を設けており（446条、461条等）、これが債権者保護のために重要なシステムとなっています。

　以上のように、株式の制度、株主の有限責任、所有と経営の分離、剰余金分配規制などが、株式会社を支える特徴ということができるのです。

◉例外

　会社法は、閉鎖的な会社も株式会社制度に取り込んでいて、取締役会を置かない株式会社の存在も認めています。そのような会社では所有と経営の分離がなく、株主総会が会社運営に関する一切の事項を決定できます（295条1項）。株式譲渡自由の原則に関しても、譲渡制限を定款で設けて株式譲渡に会社の承諾を必要とすることができます。さらに、株券を発行することを定款で定めていても、株主から請求があるまで株券を発行する必要がない（215条4項）など、株式会社の特徴をすべてはもたない会社が現実には多数存在します。

　会社法は、上場会社のように株式会社の特徴をフルにもつ大会社から、株主が少数で人的関係が強い閉鎖的な会社まで、広く規定する法律なのです。

12 資本の制度は何のためにある？

資本の制度と剰余金分配規制で債権者保護を図る

◉資本の意義

「あの会社の資本金はどれくらいだろう？」などとよくいいます。「資本」とは、いったいどのような意味なのでしょうか。

資本とは、「会社財産を確保するための基準となる一定の金額」です。株式会社のように出資者が有限責任しか負わない会社では、会社の財産がある程度なければ安心してその会社と取引できません。そこで、一定額を資本と定め、その額相当の財産が会社に出資され、かつ、何らかの形で保有され続けることを定める制度が必要です。これが資本の制度です。この制度は債権者保護のための制度です。

◉最低資本金と剰余金分配規制

会社法では資本金1円でも会社設立が可能です。設立後に資本を減少する場合は0円にしてもかまいません（447条2項）。起業を容易にするためです。

他方で、会社法は、債権者保護のため、剰余金分配規制を設けています。資本金額自体はいくらでもよいが、配当等を行う場合は、剰余金、すなわち、貸借対照表の資産の額から負債額、資本金、準備金等を控除した金額（446条）が残ることが必要とし、この剰余金からさらに自己株式の額（自社に対する権利にすぎないもの）等を控除した残額を分配可能額とします。そしてこの分配可能額を超えて配当等をしてはならないとしています（461条、会社計算規則158条）。貸借対照表上の資本額と準備金額等が残らなければ、株主に配当して会社の財産を社外に流出させることはできないのです。

資本の制度は、この剰余金分配規制と結びついて会社債権者を保護しています。というのも、実際は資本金0円では対外的信用は得られず、一定程度以上の金額を資本金額としているのが通常です。剰余金分配規制は、そのような金額等を会社に確保させることで、債権者保護を図っているのです。

もうひとつ、会社の純資産額が300万円以上でなければ配当できません（最低純資産額規制：458条）。平成17年制定の会社法が施行された平成18年5月1日より前までの有限会社の最低資本金額が300万円だったことを参考にし

◆資本の制度とは◆

- 資本とは会社財産を確保するための基準となる一定の金額。

- 資本金が1円でも会社設立は可能。

- 資本の額相当の財産が会社に出資され、何らかの形で保有され続けることで、会社の債権者保護が図られている。

- 資本の制度は、剰余金分配規制と結びついて会社債権者を保護している。

たもので、最低でも300万円の純資産額がなければ配当できません。

◉資本の制度の限界

　資本の額は300万円とか1億円など金額で表わされ、その維持が図られています。しかし、それはその現金が会社にあることを意味するものではなく、売掛金、在庫品、機械、不動産などどのような形でも資本金額に相当する資産があればよいのです。

　そのため、会社が倒産に瀕したとき、債権者への弁済可能額を知るため財産の実体を示す清算貸借対照表を作成してみますと、売掛金は回収不能、在庫や仕掛品は無価値、建物や車両の価値もほとんどなく、有価証券の価値も下がっているなど、純資産額（資産額から負債額を控除した金額）は大幅な債務超過となっていることが通常です。

　現実には、資本の制度は、主として平時の営業を続けている会社の信用力を維持するものといえます。

13 株主の権利と義務

●株主とは何か

　株主とは、株式を有する者のことであり、株式とは株式会社の出資者の地位のことです。したがって株主とは、会社に出資をした会社の所有者のことに他なりません。株主が複数いれば会社の共同所有者ということになります。株式は1千株、1万株というように細分化された単位で表わされ、その1株1株の内容は、原則として同じです。

　会社法は、1株1株の内容は同じという原則を維持しながら、そのうえで、投資誘因のためにさまざまなバリエーションをつけた株式の発行を認めています。

●自益権と共益権

　株主の権利には、大きく分けて会社から経済的利益を受ける権利（自益権）と、会社経営に参加したり経営の監督をする権利（共益権）の2つがあります。自益権には、利益配当請求権（105条1項1号）、残余財産分配請求権（105条1項2号）、株式買取請求権（469条等）などがあり、共益権には、議決権（308条）、株主総会決議取消しの訴え提起権（831条）、代表訴訟提起権（847条）等の単独株主権や、株主総会での株主提案権（303条、305条）等の少数株主権があります。

●単独株主権と少数株主権

　共益権には、①1株（1単元）でも株式を所有していれば行使できるもの（単独株主権）、②一定割合以上の議決権、一定数以上の議決権、または一定割合以上の株式数を有していなければ行使できないもの（少数株主権）があります。

　その具体的な内容は49ページの図を参照してください。なお、少数株主権は、複数株主が一緒になって必要議決権割合等を満たす場合も共同で行使できます。

●議決権割合基準と株式数基準

　それでは、これら少数株主権の大部分が「議決権総数中の割合」を基準に

◆株主とは？　株主の権利とは？◆

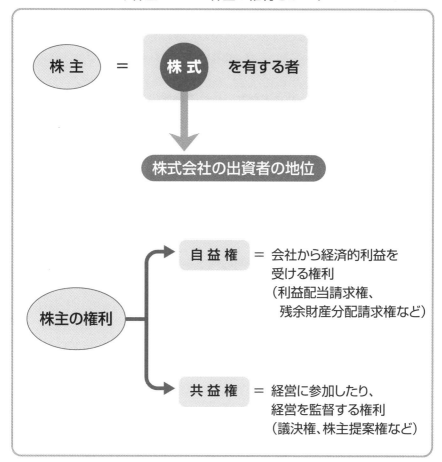

しているのはなぜでしょう？

　理由は、会社が保有する自己株式には議決権がないこと、単元株制度を採用する会社では、1単元につき1個の議決権が認められるので、議決権を有しない多くの単元未満株が存在することなどから、特に上場会社では発行済株式総数と議決権数が一致しません。そこで、会社支配に関する共益権行使の可否は、原則として、単純な株式数をベース（分母）にするのではなく、議決権数をベースにした割合で決めるのが適切だからです。

　他方、会社の業務や財務の適正をチェックするための会計帳簿閲覧請求権

や、業務執行に関する検査役選任請求権などは、自益権、すなわち、会社から経済的利益を受ける権利の適切な実現のためにも必要です。会社支配と必ずしも関係がありません。そこで、会社法は、これらについては、株式数基準も併用しています。

また、取締役等が不正行為をしたのにその解任決議が株主総会で否決される場合があります。このとき株主は、裁判所に取締役解任の訴えを起こす権利があります。これも自益権に関わりますし、不正行為が前提ですから、同様に株式数基準を併用しています。

これら会計帳簿閲覧請求権（433条）、業務執行に関する検査役選任請求権（358条）、取締役等解任請求権（854条）は、いずれも、議決権の100分の3以上の割合、または、発行済株式の100分の3以上の株式数を有する株主が行使できます。

◉株式譲渡制限会社では6か月間の保有期間制限がない

単独株主権や少数株主権のなかには、一定の株式数や議決権割合をもつのみならず、これを引き続いて6か月以上保有していることが要件とされるものがあります。

しかし、株式譲渡制限会社（すべての株式に譲渡制限をつけている会社）では、会社支配に株主の関心が高いうえ、実際にも株式を長期保有する株主が大多数です。少数株主権を行使するためだけに、短期的に株式を所有するという弊害を考慮する必要は通常ありません。

そこで、株式譲渡制限会社の株主が、単独株主権や少数株主権を行使する場合は、保有期間の要件はありません（303条3項、847条2項等）。

◉株主の義務

これらの権利に対応する株主の会社に対する義務は、出資義務だけです。

しかも、会社設立のときも新株発行のときも、出資が完了して初めて株主になれますから、株主となったときには、もはやこの義務は果たし終えています。株主に、株主であることから生じる会社に対する義務はないのです。

◆単独株主権と少数株主権◆

単独 株主権

- 議決権（308条1項）
- 組織再編差止請求権（784条の2等）
- 株主総会決議取消訴訟提起権（831条）
- 新株発行無効等訴訟提起権（828条）
- 株主代表訴訟提起権（847条）
- 取締役の違法行為差止請求権（360条）
- 株主名簿閲覧請求権（125条）
  （取締役会非設置会社）株主提案権（303条1項）

etc.

少数 株主権

- 株主提案権（303条、305条）
- 株主総会招集請求権（297条1項）
- 総会検査役選任請求権（306条1項）
- 業務執行に関する検査役選任請求権（358条1項）
- 役員解任の訴訟提起権（854条1項）
- 会計帳簿閲覧請求権（433条1項）
- 解散請求権（833条1項）
- 多重代表訴訟提起権（847条の3）

etc.

※株式譲渡制限会社の株主が、単独株主権や少数株主権を行使する場合には、6か月間という保有期間制限はない

14 株主平等原則とは どんなもの？

◉株主は有する株式数に応じて平等

「同一種類の株式を有する株主は、株主としての資格に基づく法律関係において、有する株式の数に応じ、平等な取り扱いを受ける」という原則を、株主平等原則といいます。この原則があることで誰でも安心して株主になることができます。ただし、この原則が認められる基準は、あくまで有する株式の数に応じてです。株主が個人として1人ひとり平等ということとは異なります。

◉会社法と株主平等原則

会社法には、株主平等原則を直接宣言する109条1項があります。同項は、「株式会社は、株主を、その有する株式の内容及び数に応じて、平等に取り扱わなければならない」と規定しています。そのうえ個別規定のなかにも、この原則に基づくものがいくつも見受けられます。たとえば、「株主の有する株式の数に応じて配当財産を割り当てる」旨定める454条3項や、「株主は、株主総会において、その有する株式1株（単元株採用会社では1単元）につき1個の議決権を有する」旨定める308条1項です（そのほか202条2項、504条3項）。

株主平等原則には、株式数による多数決によっても不平等扱いが許されない一定の権利を保証するという重要な機能があります。多数派の株主権濫用から他の株主を守るというわけです。そこで、株主平等原則に反する定款、株主総会決議、取締役会決議、代表取締役や執行役の行為などは、原則として無効と解されています。

◉権利内容の異なる株式

他方、会社法は、定款で定めれば権利内容の異なる株式を発行できるとしています（108条1項）。

剰余金の配当（利益配当）、残余財産の分配、株主が株主総会で議決できる事項等について、他の株式と異なる権利を有する株式を発行できます。株主総会や取締役会の決議に拒否権をもつ株式も発行できます。このような権

◆株主平等原則にもかかわらず…◆

株主平等原則（会社法109条1項）
「株式会社は、株主を、その有する株式の内容及び数に応じて、平等に取り扱わなければならない」

配当、議決権等につき内容の異なる種類株式を発行できる（会社法108条1項）

株式譲渡制限会社では、剰余金の配当を受ける権利、残余財産の分配を受ける権利、株主総会における議決権について、株主ごとに異なる取り扱いを行う旨を定款で定めることができる（会社法109条2項）

自分が取得した株式と異なる権利内容の株式が発行される可能性

利内容の異なる株式を種類株式といいます。

　また、株式譲渡制限会社（すべての株式に譲渡制限をつけている会社）では、定款で定めることで、株式ごとではなく、株主ごとに配当や議決権について別々に扱うことも可能です（109条2項）。株式譲渡制限会社は、一般に株主数が少なく、個人的な信頼関係を基礎とする会社であることから認められるもので、株式会社なのに、「Aさんにだけ特に多く配当する」とか、「100株以上を有する人にだけ議決権を与える」「株主総会の議決は、株式数ではなく頭数の多数決で決める」とすることができるのです。

　株主平等原則を会社法が宣言しているといっても、実際には、いろいろ内容の異なる株式を会社は発行できるわけです。

◉株主平等原則と種類株式

　株主平等原則は、株式の「内容及び数に応じて」平等に扱われるというものですから、同じ種類の株式間では平等に扱われる以上、種類株式の存在自体は株主平等原則に反しません。しかし、実質的には、株式間の不平等扱いを会社法自身が広く認めていることになります。そこで、自分が取得した株式とは異なる権利内容の株式が発行されることがあり得ることになり、株主としての権利行使を考える際は、この観点からの注意も必要です。

15 株主優待制度は 株主平等原則に反しないか

実質的にみて不平等が軽微であれば違反しない

◉株主優待制度とは

　一定数以上の株式をもつ株主だけに、自社製品やサービス等を提供する会社が数多くあります。映画館や劇場を経営する会社では入場優待券を、航空会社では搭乗優待券を、百貨店では商品購入割引特典を与えることなどがよく行われています。手数料返金サービスを行う証券会社や、図書カードを配る会社もあります。これを株主優待制度といいます。

　所有する株式数に比例して株主全員に、というのではなく、たとえば、1,000株以上など、一定数以上の株式をもつ株主だけに優待が実施される点に特徴があります。

◉会社法で株主平等が宣言されている意味

　同じ種類の株式を有する株主は、株式の内容と数に応じて平等に取り扱われなければならない——この原則が株主平等原則です。会社法には、これを一般的に宣言する規定も置かれています（109条1項）。平成17年成立の会社法前まではこのような宣言規定はありませんでした。

　このような規定をわざわざ設けた意味は何なのでしょうか。

　会社法では、定款で定めることで、さまざまな異なる権利内容の株式を発行できたり（108条）、株式譲渡制限会社で株主ごとに配当や議決権について別々の定めをしたりできます（109条）。株式の内容が原則として同じとはいえなくなっているかの様相を呈しているのです。

　そこで、あえて、不特定多数の人たちが安心して資本的に結集できる株式会社システムの根幹である株主平等原則は、会社法の下でも、なお重要な原則であることを宣言し、会社法自身が認める例外的な内容以外は、株主平等原則が守られることを示す必要があったというわけです。

◉株主優待制度は平等原則に反しないのか

　特別な規定がないのに株主平等原則に違反する定款、株主総会決議、取締役会決議、代表取締役の行為などは、原則として無効と解されています。ところが株主優待制度は、同じ権利内容の株式なのに株式数に応じて株主を平

等に取り扱っていません。これが有効といえるのでしょうか。

　考え方は分かれますが、配当可能利益がないのに特定の大株主にだけ配当する場合などと異なり、少量の無料入場券などを交付したり、自社製品を配布しても、必ずしも会社の損失に結び付かず（空席がある場合もあるし、自社製品については常に在庫を抱えているともいえる）、優待制度は、安定株主の確保、株式投資の誘引、自社株を保持し続けることへのインセンティヴになり得るなど、一定の合理的な目的があることから、実質的にみて不平等取扱いが軽微であれば、株主平等原則に違反しないとする考えが有力です。

　株主平等原則違反かどうかは、形式的にではなく、実質的、総合的に判断されるのです。

16 株主名簿は何のためにある？

◉株主名簿の名義書換え

株式の譲渡は、株券発行会社では株券を交付することで効力が生じます（128条）。それ以外の会社では、譲渡人と譲受人間の株式譲渡の意思表示のみで効力が生じます。しかし、譲受人が株主の権利を会社に行使するには、それらに加え、会社によって株主名簿に自分の住所、氏名を記載してもらわねばなりません（130条）。これを「名義書換え」といいます。

◉名義書換制度がある理由

頻繁に変わる多数の株主が反復的に行う株主の権利行使にあっては、株主が権利行使ごとに株券を会社に呈示するのはたいへんです。株券以外の方法で権利を証明することが必要となる株券発行会社ではない会社の株主は、もっとたいへんです。会社側も権利行使のたびに確認しなければならないのは、大きな事務負担です。そこで、いったん届けておけば、以後は株主であると証明しなくても権利行使できる制度が必要です。これが株主名簿の制度です。

◉名義書換えの手続きと効果

名義書換えは、既に株主名簿に記載されている株式譲渡人と、その人からの譲受人が共同で会社に請求します（133条2項）。名義書換えがなされて初めて譲受人は、議決権を行使したり配当を得たりできます（130条）。会社は議決権行使や利益配当等すべての権利を名簿上の株主に認めねばなりません。なお、上場会社等が採用している保管振替制度の下では、会社が、振替機関から通知された内容を株主名簿に記載することで、名義書換えがされたことになります（社債、株式等の振替に関する法律151条、152条）。

◉基準日

株主名簿上の株主も頻繁に変わります。いつの時期の名簿上の株主に議決権行使を認めたり配当したりすればよいのでしょうか。この問題を解決するのが「基準日」です。会社は、たとえば、決算期の3月31日を基準日にして、その日現在の株主に6月25日の株主総会議決権を認めるなど、株主の権利が行使される3か月前までの特定の日を基準日と定めることができます。基準

◆権利行使には名義書換えが必要◆

株主名簿の氏名、住所を譲渡人から譲受人に書き換えてください

譲渡人

譲受人

株式の譲受人は、譲渡人と共同で、名義書換えを請求できる

株主としての権利行使をするためには、名義書換えをしなければならない

日現在の名簿上の株主に権利行使を認めるのです（124条1項、2項）。

●基準日後に株主となった者と議決権

　しかし、3か月という長期の間に発生する株主変動を株主総会の議決権行使に一切考慮しないことは問題であるという指摘がされています。

　そうはいっても、株主総会で思惑どおりの決議が困難と読んだ経営陣が、総会直前に大量の株式を第三者に発行して基準日現在の株主の議決権を薄めてしまうのも不合理です。

　そこで会社法は、議決権については、基準日の後に株式を取得した者の権利行使を、会社からは認めることができるとしました。ただし、基準日現在の株主の権利を害することはできないという制限も設けています（124条4項）。

●株主名簿の閲覧謄写請求権

　会社の株主及び債権者は、会社の営業時間内であればいつでも株主名簿の閲覧謄写の請求ができます。しかし、名簿を売却して利益を得る等、この権利が濫用される場合も考えられます。そこで会社法は、権利の濫用にあたるような場合は会社は閲覧謄写請求を拒むことができるとし、拒める場合を具体的に列挙しています（125条）。

17 種類株式とは（1）

配当や議決権などについて異なる内容の株式を発行できる

◉種類株式

　投資を誘引するため、会社は、定款で定めることで、内容の異なるいろいろな株式を発行することが認められています（108条）。そのような株式を「数種の株式」または「種類株式」と呼びます。そして、通常の株式（普通株式）に対して優先的な取扱いを受ける株式を「優先株」、劣後的な扱いを受ける株式を「劣後株」と呼びます。

◉配当及び残余財産分配についての種類株式

　剰余金の配当や会社清算時の残余財産の分配につき内容の異なる株式を発行できます（108条1項1号、2号）。この場合、優先して配当を受けられる上限額や具体的な算出式などを定款に定める必要はありません。定款には、当該優先株式を最初に発行するときまでに株主総会または取締役会で具体的な優先配当額を決めることを定め、かつ、配当についての要綱的な内容を定めておけば足ります（108条3項）。そのため、ある事業部門や子会社の業績に連動して配当の可否等が決まる株式（トラッキング・ストック）の発行も可能です。

◉議決権制限株式

　株主総会の議決権内容が異なる株式も発行できます（議決権制限株式：108条1項3号）。たとえば、取締役の選任解任については議決権を有しない株式や、議決権などについては一定の制限をつけ他方で利益配当は優先的に受ける株式も発行できます。しかし、このような株式は少数者による会社支配を可能にします。そこで会社法は、公開会社（すべてまたは一部の株式に株式譲渡制限をつけていない会社）では、議決権制限株式は、発行済株式総数の2分の1を超えて発行できないとしています（115条）。

◉譲渡制限株式

　株式譲渡について会社の承認を要する株式と、要しない株式の双方を発行できます（108条1項4号）。株式全部について譲渡制限をつけるかどうかの二者択一ではなく、株式の一部のみに譲渡制限をつけることができます。

◆議決権制限株式が発行されていると……◆

あなたは取締役選任決議に参加できません！

あっそうか。

第○回株主総会

株券

議決権制限株式

※ただし、公開会社は、発行済株式総数の2分の1を超える議決権制限株式を発行できない

◉**会社による将来の取得が見込まれる株式**

　株式発行後、会社自身が、将来その株式を取得すると定めた株式も発行できます。バリエーションは、

・株主から会社に取得を請求できる株式

・ある事情が生じたときに、会社が取得すると定めた株式

・株主総会決議によってその株式全部を会社が取得できる株式

の3種です（108条1項5号、6号、7号）。

　会社は、これらの取得対価として現金のみならず、他の種類の株式や社債等も当てられますから（107条、171条）、転換予約権付株式（株主に、他の種類の株式への転換を請求する権利が与えられた株式）や、強制転換条項付株式（ある事情が生じたときは、会社の決定で、ある種類の株式から他の種類の株式へ転換できる株式）も発行できることになります。

種類株式とは（2）

◉拒否権付株式（黄金株）

　会社は、定款で、株主総会や取締役会の決議事項の全部についても一部についても、当該決議に加えて、ある株式をもつ株主で構成される株主総会（種類株主総会）の決議も必要、と定められます（108条1項8号）。

　たとえば、取締役の選任や解任、合併、事業譲渡などの重要事項は、通常の株主総会や取締役会決議だけでなく、特定の株式をもつ株主による株主総会決議（種類株主総会決議）が必要とできるのです。これは、その種類株主に当該事項について拒否権を与えたことと同じです。

　この株式を、会社を支持する者にあらかじめ発行しておけば、敵対的買収で株式の過半数を取得されても、買収者は取締役を選べなかったり、事業譲渡ができなかったりします。強力な防衛策になるのです。それゆえこの拒否権付株式は、黄金株と呼ばれることがあります。

　ある種類の株式のみに、株式譲渡には会社の承諾が必要とすることも可能です（108条1項4号）。したがって、上場会社でも、黄金株のみに譲渡制限をつけることが可能で、これを利用すれば、敵対的買収者が高値で株主に誘いをかけても、買収者に黄金株が取得されることを防ぐことができます。

　しかし、このような防衛策が、会社の利益のためではなく、経営陣の保身に利用された場合は株主の利益を害することになります。そこで、経済産業省と法務省によって発表された買収防衛策指針では、上場会社で黄金株を導入することは慎重であるべきとされています。

◉取締役や監査役の選任・解任が種類株主総会のみでできる

　株式譲渡制限会社では、定款で定めることで、ある種類株主総会の決議のみで、取締役や監査役の選任・解任ができるとすることが可能です（108条1項本文ただし書き、同項9号）。

　たとえば、A社とB社が出資して新会社を設立したが、過半数株式はA社が取得したとします。この場合、路線の違いが出てくればA社だけの意思で取締役全員を選ぶことが可能になってしまいます。それを防ぐため、A社B

◆黄金株の効果◆

社間で「A社は4人、B社は3人取締役を選任できる」などとする契約が締結されることがあります（株主間契約）。しかし、その契約がなくても、この種類株式を利用することで、A社に発行した株式では4人、B社に発行した株式では3人、それぞれ取締役を選任できるとすることが可能なのです。そのような取締役の解任も、当該種類株主総会のみで行われます。

　株主間契約だけでは、損害賠償さえ覚悟すれば契約違反をして取締役を選ぶことができます。しかし、この種類株式を利用すれば、取締役等の選任・解任自体を少数株主側が確保できます。

◉種類株主総会の決議が会社法上要求されている場合

　種類株式を発行している会社が、種類株式の追加や発行可能種類株式総数の増加等に関して定款を変更しようとする場合で、その変更が種類株主に損害を及ぼすおそれがあるときは、会社は通常の株主総会決議のほかに、種類株主総会の決議も得なければなりません。合併や株式交換・移転等を行うことで既存の種類株主に損害を及ぼすおそれがある場合も同様です（322条）。

19 株式の譲渡制限

譲渡に会社の承認を要する株式

◉多くの中小企業が定めている

株式会社の登記簿を見ると、多くの会社で、「株式を譲渡するには取締役会の承認を要する」と記載されています。株式が自由に譲渡できるから投下資本の回収が容易にでき、多くの人が株主になって資本を集められる、そんな株式譲渡自由の原則が大きく変容されているのです。

我が国の株式会社の大部分は、中小企業であり、同族会社等のいわば中小閉鎖会社です。株式会社化するのは、社員が有限責任しか負わないで済むこと、税法上有利な面が多いこと、社会的信用を得られることなどが主な理由です。これらの会社は、個人企業的な色彩が強く、株式譲渡自由の原則よりも、「あずかり知らない株主が会社経営に参加することを拒みたい」という要請のほうが強いのです。

そこで、会社法は、定款で定めることで、株式譲渡に会社の承諾を要するという譲渡制限を設けることを認めています。発行株式の全部にこの制限をすることも、一部のみにこの制限をすることも可能です（107条、108条）。この制限内容は登記されます（911条、915条）。

ちなみに、会社法で「公開会社」とは、発行する株式の全部または一部について、株式譲渡制限をしていない会社です（2条5号）。一部についてのみ株式譲渡制限をしている会社は公開会社なのです。したがって、公開会社ではない会社とは、「すべての株式に譲渡制限をつけている会社」のことであり、本書で「株式譲渡制限会社」という言葉は、その意味で使用しています。

◉譲渡について承認を与える機関

株式譲渡について承認を与える会社の機関はどこでしょう？

それは、取締役会を設置している会社では取締役会、取締役会を設置していない会社では株主総会です（139条）。株式会社の中には、取締役会を置かない会社も存在します。

また、定款で定めることで、これらと違う機関を承認機関とすることもできます（139条）。たとえば、代表取締役に承認の権限を与えることも可能で

◆譲渡制限がある場合の譲渡は……◆

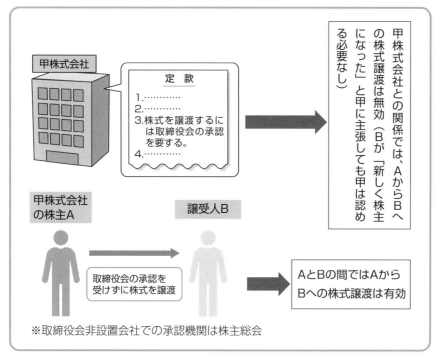

甲株式会社との関係では、AからBへの株式譲渡は無効（Bが「新しく株主になった」と甲に主張しても甲は認める必要なし）

AとBの間ではAからBへの株式譲渡は有効

※取締役会非設置会社での承認機関は株主総会

す。

●承認を得ないでした株式譲渡の効力

　譲渡制限株式を譲渡する場合は、会社に対して承認請求手続きをすることになります（136条、137条）。それでは、会社の承認を得られずになされた株式譲渡の効力はどうなるのでしょう？

　その譲渡は、会社との関係では無効です。会社はこの株式譲渡を認める必要はありません。「好ましくない者の参加を拒否する」という立法趣旨をまっとうするためです。しかし、譲渡当事者間の関係では、株式譲渡は有効と解されています。なぜなら、立法の趣旨からすれば、会社との関係でのみ無効とすれば足りるからです。また、株式譲渡が自由であることは株式会社制度の重要な原則ですから、必要以上にこれを制限するのは好ましくないからです。会社との関係でも、株式譲渡承認請求の手続きがあります（次ページ参照）。

20 株式譲渡承認請求の手続き

●承認なしでも譲渡できる

定款で、「株式の譲渡には取締役会の承認を要する」と定めている会社でも、株主が投下資本を回収する唯一の手段が株式譲渡という点は同じです。

ですから、「会社の承認を得られないときは絶対に譲渡できない」とすることはできません。好ましくない者を入れないという譲渡制限の趣旨と株式譲渡の自由との調和を図る手続きが必要です。会社法はこの点について定めており、実際にも、この手続きが問題になることは少なくありません。

なお、ここで「譲渡ができる」という言葉の正確な意味は、その譲渡を会社にも認めさせることができる、という意味です。譲渡当事者間での譲渡の効力は、会社の承認がなくても有効だからです。

●承認請求

株式を譲渡しようとする者からでも、譲渡を受けた者（以下「取得者」）からでも会社に対して承認請求ができます（136条、137条）。ただし、取得者から請求する場合は、株主名簿に現在記載されている名義人と共同して行わなければなりません（137条2項）。取得者は会社があずかり知らない者なので、手続きに名を借りて混乱させられることがないようにするためです。承認請求は、単純に当該譲渡の承認だけを請求することも、承認しない場合は、会社自身またはその他の者を買取人に指定することを併せて請求することもできます（138条）。

●会社の対応

会社は、承認請求の日から2週間以内に決定内容を承認請求者に通知しなければならず（以下「回答通知」）、これをしなければ承認したものとみなされます（145条）。

会社が買取人になる場合は、株主総会の特別決議を得なければなりません（140条2項、309条）。また回答通知から40日以内に、買い取る株式数なども通知しなければならず、これをしなければ、やはり譲渡を承認したものとみなされてしまいます（145条）。会社から買取人として指定された指定買取人

◆**承認請求の流れ**（いまから譲渡しようとする者が行う場合）◆

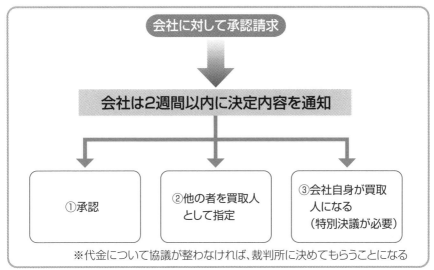

の場合も、自分が買い取ること等を承認請求者に通知しなければなりません（142条）。

◉**代金額等**

譲渡承認請求された取得者ではなく、会社または会社の指定した者が取得者となる場合、代金額はどうなるのでしょうか。

まず、取得者側が「1株当たりの純資産額×買取株式数」で計算される金額を仮定的な代金額として供託しなければなりません（141条2項、142条2項）。その後、売買当事者間で協議をし、整わなければ裁判所が一切の事情を考慮して決めます（144条）。

また、株券発行会社では、承認請求者は株券を供託しなければならず、しなければ取得者側から売買契約を解除されてしまいます（141条、142条）。理由は、会社指定の取得者が現われる等、売買当事者間に信頼関係があるとはいえないので、最終的な株券引渡しを担保しておくためです。株券発行会社でない会社では、株式譲渡に株券の引渡しは不要ですから、このような供託義務はありません。

21 単元株

議決権行使に必要な株式の数は会社が定款で決める

◉単元株制度は議決権を制限するもの

単元株制度は、会社が、定款で、一定の数の株式を1単元と定め（188条）、1単元の株式につき1個の議決権を与え、1単元未満の株式には議決権を与えない制度です（189条）。1単元未満の株主は株主総会への出席も認められません。この単元株の制度は、少額しか出資していない株主の管理コストを押さえることを目的とするものです。

会社は、株主がどれだけの数の株式をもっていれば株主総会で議決権を行使できるかを、定款で自由に決められます。ただし、できるだけ株式市場に参加しやすくするためには投資単位を小さくすべきですから、1単元の株式数は、1,000株及び発行済株式総数の200分の1を超えることができません（会社法施行規則34条）。また、2018年10月から、上場会社では1単元の株式数が100株に統一されています。1単元の数は証券市場における取引単位になっているので単元株式数をわかりやすくし、投資家の便宜を図るためです。

◉単元未満株主の権利

単元未満株主の権利は、議決権を除いては、原則として制限されません。単元未満株主といえども必要最低限の権利制限しかしないというスタンスです。

他方で、会社法は、定款による会社自治の範囲を広く認めますから、会社は、定款で議決権以外についても制限できます。ただし、単元未満株式も株式ですから、財産価値の根幹に関連する残余財産分配請求権、会社から株式を無償で交付される権利、会社への単元未満株式買取請求権（192条）等は、制限できません（189条2項）。

◉株式買取請求等

単元未満株主は、会社に対し、単元未満株式を買い取ることを請求できます（192条）。会社にとっては、この株式買取請求による買取りも自社株取得です。しかし、通常の自社株取得や剰余金分配（配当）の場合と異なり、剰余金分配規制による財源制限はありません。単元未満株式は、通常は株式市

◆単元株制度の特徴◆

株式の一定数を1単元とする

議決権を除けば、単元未満株主の権利は制限されないのが原則

1単元未満の株式には議決権なし

単元未満株主には、会社への株式買取請求権が与えられている

場で流通しないので、単元未満株主の投下資本回収方法を確保する必要があるからです。

　その買取価格は、上場会社なら買取請求日の市場価格とされ、非上場会社で価格に争いがある場合は、裁判所に決定してもらえます（193条）。

　また、会社は、単元未満株主が、会社に対し、1単元の株式数となるだけの数の株式を売り渡すよう請求できると定款で定められます（194条1項）。この株式売渡請求における売渡価格の決め方も、上記株式買取請求の場合と同じです。

◉単元株制度を採用しないことも自由

　単元株制度を採用するかどうかは会社の自由です。採用しない場合は、1株でも有している株主は、株主総会での議決権を行使できます。

◉単元株数の変更

　定款で定めた1単元の株式数は、その後は取締役会決議（取締役会を設置していない会社では取締役の決定）によって減少することができます。同様の方法で、単元株制度の採用をやめることもできます（195条）。

　減少や取りやめは、実質的に株式分割にすぎませんから、株主に不利な変更ではありません。そのため、これらについては株主総会決議を経ない定款変更が認められているのです。

22 株券をなくしてしまったら どうする？

◉株券をなくすとどうなる？

　株券は、株式（＝会社の共同所有者たる地位に伴うさまざまな権利関係）を表わす有価証券です。株券発行会社では、株式譲渡は株券を買主に交付しなければ譲渡の効力が生じず（128条）。担保に入れるためにも株券を担保権者に渡す必要があります（146条）。株券を盗んだ者が別の者に譲り渡したとき、譲受人が盗人を本当の権利者と信じていた場合は、譲受人が株主になり（善意取得：131条2項）、株券を盗られた者は権利を失います。株券発行会社で株券をなくすと大きな不利益が生じるわけです。

◉なくしたら会社に株券喪失登録の申請をする

　そこで株券をなくした場合は、どこかにある株券を無効なもの（＝ただの紙切れ）にして、かつ、自分が株券の再発行を受けられるようにしなければなりません。その手続きが株券喪失登録です。

　株券をなくした株主は、会社に、株券喪失登録簿への登録を申請できます（223条）。会社は、株主名簿に登録されている株主（以下「名義人」）が申請者ではない場合、名義人に喪失登録がされた旨通知します（224条）。利害関係者は、誰でも株券喪失登録簿を閲覧できます（231条）。この通知や閲覧等によって、自分が所持している株券が喪失登録の対象になったことを知った者（以下「所持人」）は、会社に喪失登録の抹消申請ができます（225条）。

　喪失登録のなされた株券は喪失登録日から1年で無効になり、新たに株券が発行されます（228条）。したがって、喪失登録された所持人としては、この間に上記の抹消申請をしなければなりません（225条1項）。

　抹消申請がなされると、会社は、喪失登録者にそのことを通知し、その通知の日から2週間経過した時点で喪失登録を抹消します（225条3項及び4項）。これによって所持人は、株券が無効になることを阻止でき、最終的に喪失登録者と所持人のどちらが本当の権利者かは、裁判等で決められます。

◉善意取得者との優劣

　株券喪失登録手続きで株券が無効になった後になって、「自分こそ株主だ」

◆株券喪失によるデメリット◆

株券をなくしたら、どんなデメリットがありますか？

デメリット
●株式を他に譲渡できなくなる
●株券を担保に入れられなくなる
●他の者に善意取得されるおそれがあり、そのときは自分の権利を失う

こんなデメリットがあるので、会社に株券喪失登録をしなければなりません

と善意取得者が喪失者の前に現われたとします。このとき、その善意取得者と、喪失登録手続きを終えた者のどちらが勝つでしょうか。

　この点は、会社をインフォメーションセンターにした喪失登録手続きは、所持人（善意取得者）に対して喪失者存在情報を知らせる機能が高いので、喪失登録抹消申請を会社にしなかった善意取得者のほうに落ち度があると考えられます。そこで、喪失登録手続きを終えた者が勝つ（株主となる）ことを原則としつつ、具体的なケースごとの事情を考慮して判断されることになるでしょう。

◉**株券不発行、株券保管振替制度**

　会社法は、会社は株券を発行しないことを原則とし、例外として、定款で定めることで株券を発行できるとしています（214条）。実際には、平成17年成立の会社法施行時（平成18年5月1日）に存在した会社は、株券発行の定款があるとみなされたため（整備法76条4項）、現在でも多くの中小企業は**株券発行会社**です。他方、上場会社は、2009年1月5日から**株券保管振替制度**が強制されており、株券は発行されていません。このような会社では株券をなくすということがありません。なお、株式譲渡は、振替口座簿に記録されることで効力が生じます（社債、株式等の振替に関する法律140条）。

23 自社株の取得・保有・処分

●金庫株解禁

　平成13年（2001年）の商法改正で、自己株式（＝自社株）の会社による取得と保有が原則として自由になりました。これを「金庫株の解禁」と呼んでいます。自社の金庫のなかに取得した自社株を入れておくイメージからです。会社法でも同様の自由が維持されており、会社は、自社株を買うことで、株価を維持したり、ストックオプションやM＆Aの対価に使ったりできます。自社株買いが敵対的買収の対抗手段となる場合もあります。

●自社株取得の手続き

　自社株取得のためには、株主総会の普通決議で、その決議から１年以内に取得できる自社株の数、対価の総額等を定め、具体的な内容を取締役会等に委ねます（156条）。取締役会等は、具体的な株数や１株の金額等を決定し（157条）、これを株主全員に通知します（158条）。希望株主は、これに応じ保有株式を会社に買い取ってもらうことになります。申込数が取得予定株式数を超えた場合は、買取予定数を株主の申込株数に按分して、各株主から会社が取得します（159条）。この制度は、株式公開買付けのミニ版といえるものです。

　ただし、特定の株主から会社が買い受ける場合は、株主総会の特別決議が必要です（156条、160条１項、309条２項２号）。株主が不平等に取り扱われている可能性があるためです。

●証券市場等で取得する場合

　証券市場（金融商品取引市場）での取引や金融商品取引法上の公開買付けの方法による場合、会社は、定款で、自社株取得内容の決定を取締役会に委ねることができます（165条）。上記のミニ版公開買付けの手続きも不要です。定款による株主の意思が確認できていること、価格に不公正がないことが理由です。これは上場会社等のみが利用できる方法です。

●財源規制がある

　自社株取得は、実質的には株主への払戻しです。無制限で行うと会社の財

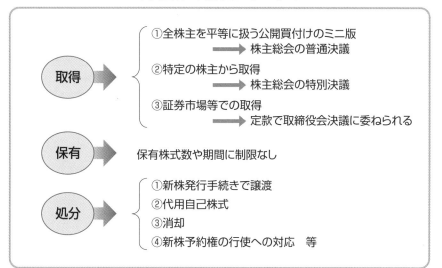

◆自己株式取得等のルール◆

取得
① 全株主を平等に扱う公開買付けのミニ版
　　→ 株主総会の普通決議
② 特定の株主から取得
　　→ 株主総会の特別決議
③ 証券市場等での取得
　　→ 定款で取締役会決議に委ねられる

保有 → 保有株式数や期間に制限なし

処分
① 新株発行手続きで譲渡
② 代用自己株式
③ 消却
④ 新株予約権の行使への対応　等

産的基礎を危うくします。そこで、剰余金の配当と同じ財源規制があります。自社株取得のために会社が払う金額は、剰余金（資産等から負債、資本額、準備金の額等を控除した残額：446条）から、自社株の帳簿価額（自社に対する権利にすぎないから）等を控除した額（分配可能額）を超えられません（461条）。一方、取得する自社株の株式数についての規制はありません。

◉自社株の保有

　会社は、自社株を株式数や保有期間の制限なく保有し続けられます。財源規制と手続きさえクリアすれば、会社は自社株を自由に取得、保有できるのです。ただし、自社株に議決権等はありません。これを許すと、会社支配が歪曲化することが理由です。また会社は、自社株に対して配当できません（453条）。財産の還流は無意味ですし、会社の収益力評価に間違いが起き得るからです。

◉自社株の処分手続き

　株式交換等で新株発行に代えて自社株を利用する（代用自己株式）等の場合を除き、処分は、通常の新株発行と同様の手続きによるのが原則です（199条以下）。自社株を外に出すことは、新株発行と同様だからです。取締役会等の決議で自社株を消却する（株式を消滅させる）こともできます（178条）。

24 相続人に対する株式売渡請求

会社は相続人に譲渡制限株式の売渡しを請求できる

◉**譲渡制限株式と相続人**

　株式譲渡には会社の承諾を要する旨定款で定められている株式（以下「譲渡制限株式」）が、相続によって、被相続人（亡くなった人）から相続人に移転した場合のことを考えてみましょう。

　相続は、合併と同じく、権利の包括的な承継です。相続人は当然に被相続人のすべての権利義務を承継するのが原則です。したがって、いかに譲渡制限株式でも、株主が相続人になってしまうのはやむを得ないように思われます。

　しかし、譲渡制限株式の趣旨は、好ましくない者が株主として参加することを防ぐことです。相続や合併でも、会社に好ましくない者が株主になる可能性は譲渡の場合と同様です。

◉**相続人等への売渡請求**

　そこで、会社法は、定款で定めることで、譲渡制限株式が相続や合併によって移転した場合、会社は当該株式を自社に売り渡すよう請求できるとしました（174条）。

　実際は、好ましくない相続人が現われたので、その経営参加を防ぎたいという理由のみならず、相続の繰り返しによって株主数が多くなりすぎ、意思疎通や管理が大変になることを避けるためにこの売渡請求がなされる場合もあります。

◉**手続きの注意点**

　定款に売渡請求ができると定めた会社は、株式を買い取ろうとするつど、株主総会の特別決議で、対象株式の数や対象者を定めます（175条1項、309条2項3号）。相続人の株式を強制的に会社が取得するという強力な手続きですから、慎重を期すため、将来発生するであろう相続について包括的に株主総会決議を得ておくというやり方は認められていません。

　また買取りの対象者は、この株主総会で議決権を行使できません（175条2項）。これを認めると好ましくない者が株主になるのを防げないおそれが

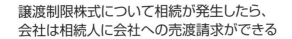

譲渡制限株式について相続が発生したら、
会社は相続人に会社への売渡請求ができる

手続きは？ ●●●▶ 株主総会特別決議
（対象者は議決権行使不可）

価格は？ ●●●▶ 協議で決まらなければ裁判所に決めてもらう

あるからです。

　その後、会社は対象者に売渡請求をします。この請求は、相続発生や合併を会社が知ったときから1年以内にしなければなりません（176条1項）。

　なお、売渡請求ができるということを定款に定めておく時期は、対象となる相続が生じた後でもかまいません。

◉**価格の決め方**

　会社と対象者間の協議で決まらなければ、売渡請求がなされた日から20日以内に、裁判所に価格決定を申し立てることができます（177条2項）。協議が整わないのに、この20日間に裁判所への申立てをしなければ、会社の売渡請求が効力を失いますから、注意を要します（177条5項）。

　また、この相続人への売渡請求による株式取得も自社株取得ですから、通常の自社株取得と同様、剰余金分配規制による財源制限があります（461条1項5号）。

25 少数株主の株式を すべて買い取る制度

◉**少数株主を追い出して完全支配会社にする**

　総株主の議決権の90％以上の株式を有する株主（以下「特別支配株主」）は、残りの株主全員に対し、その株式全部を自分に売り渡すよう請求できます（179条）。平成26年（2014年）の改正で創設された制度です。現金を払って少数株主を追い出し（キャッシュアウト）、特別支配株主が100％株主になることができるわけです。

　この場合、特別支配株主は１人でなければならず、複数が集まって90％以上になってもこの売渡請求はできないと解されています。よってたかって少数株主を追い出すことはできません。また、売渡請求は10％以下の株主全員に対して行う必要があり、その一部にだけ売渡しを請求することは認められていません。

◉**キャッシュアウトの方法**

　特別支配株主は、株式買取価格、株式取得日等を定め、会社に承認を求めます。会社は、取締役会で承認するか否かを決めます（179条の３）。取締役会は、売渡株主の利益にも配慮し、取得対価の適正さや、株式取得日が代金支払いより先行する場合は特別支配株主の支払能力についても吟味すべきです。会社が承認した場合は、会社から売渡株主にその旨通知され、その通知で特別支配株主から売渡株主への売渡請求があったとみなされます（179条の４）。

　このキャッシュアウトは、大企業から中小企業まで、会社の規模を問わず行えます。定款で株式譲渡制限を設けている大多数の中小企業においても可能です。なお、このキャッシュアウトによる株式譲渡については、譲渡制限株式の譲渡に必要な承認はあったものとみなされます（179条の９第２項）。

◉**売渡請求された側の対抗策**

　売渡株主は、特別支配株主が提示した株式の価格が、会社の財産の状況等からみて著しく不当な場合で不利益を受けるおそれがあるときは、特別支配株主に対し、売渡請求をやめるよう請求できます（179条の７）。売渡株主は、

◆キャッシュアウトとは◆

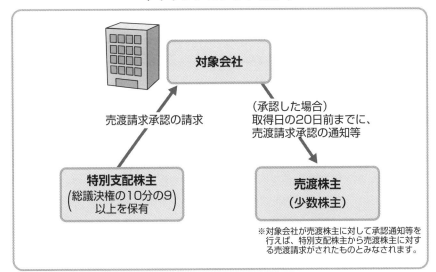

取得日の20日前から取得日の前日までの間に、裁判所に売買価格の決定を申し立てることもできます。取得日から6か月以内であれば、売渡請求の無効の訴えを起こすことも可能です（846条の2）。ただし、この訴訟で敗訴した場合で重過失等があったときは、特別支配株主に生じた損害の賠償責任を負います（846条の9）。

◉中小企業とキャッシュアウト

　この制度は、法人株主が100％親会社となる手段としても使われますし、中小企業の株主間の内部紛争をなくす手段等としても使われます。他方、中小企業で株式を持ち続ける理由には、親族として会社と関係を持ち続けたいとか、コンプライアンスが行きとどかない同族経営だから監視していく必要がある等の場合もあり得ます。裁判所が価格を判断しても、中小企業の非支配株式の価格は、会社資産を念頭に想像していた価格より相当低額になることが多いのです。中小企業の10％以下の少数株主の地位はそのようなものと割り切るか、キャッシュアウトを回避したければ、相続等の際、この制度があることを意識して、少なくとも10％を超えて所有できるよう遺産分割協議等をすべきということになります。

◉ストック・オプションとは

あらかじめ定められた価額で、自社の株式を取得できる権利を、会社が、たとえば取締役に報酬として与えることを「ストック・オプション」といいます。ストック・オプションを付与された人は、会社の業績が向上して株価が上がったときに権利行使をして株式を取得すれば、あらかじめ定められた価額と時価の差額を利益として得ることができます。

そのため、取締役や従業員等にこれを与えれば、業績を向上させようというインセンティヴになります。コーポレートガバナンスの視点からも、株主の利益と取締役や従業員等の利益が一致していくことは、株主重視の経営につながります。将来の成長は見込まれるが現在は高額な報酬が出せないというベンチャー企業にとっては、人材を確保する手段になります。

会社法では、ストック・オプションは新株予約権が発行される場合のひとつとして扱われます。付与対象の限定も、特別な発行数の限定も、法律上の行使期間の制限も、付与理由の制限もありません。したがって、取締役、執行役や従業員に限らず、会社の業績に貢献した者、今後貢献してもらいたい者等に広く与えていくことができます。

◉新株予約権の発行手続きで発行する

ストック・オプションは、新株予約権の発行手続きによって発行され、発行を受けた者は、発行の際の条件に従って新株予約権を行使できます。

新株予約権発行のときに付与される者が支払う金額をゼロにすることも可能です。発行時の支払価額はゼロにして、新株予約権行使のときに支払う価額を一定価額に定めて発行すれば、発行を受けた者はこれを負担なしで取得でき、その一定価額よりも株価が高いときに新株予約権を行使することで利益を得られます。また、将来株価が下がったとしても、権利行使をしなければ、少なくとも追加支払いの義務は発生しません。

会社は、新株予約権を行使できる期間を定めたり、会社の承諾を得なければ新株予約権を譲渡できないと定めたり（譲渡制限付新株予約権）、あるいは、

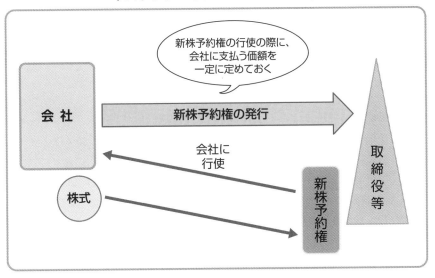

◆ストック・オプションのしくみ◆

新株予約権の行使の際に、
会社に支払う価額を
一定に定めておく

会社

新株予約権の発行

取締役等

会社に
行使

株式

新株予約権

取締役でなくなったときは、会社が当該新株予約権を取得したり、強制的に新株予約権を行使させると定めることもできます（236条）。

◉有利発行手続きの規制に注意

　ストック・オプションの発行は、新株予約権の「特に有利」な発行に当たる場合があります。

　この場合、株主総会の特別決議が必要になります（238条〜240条、309条）。新株予約権は、潜在的な株式なので、特に有利な発行は株価を下げることにつながり、既存株主の利益を害するからです。

　しかし、取締役や従業員へインセンティヴとして付与されるストック・オプションは、事務処理や労務提供の対価であり、会社の費用負担でなされるものですから、報酬等として適正な金額であれば有利発行には当たらないと解されています。

27 インサイダー取引規制

証券取引の公正に対する投資家の信頼を守る

◉違反するとなぜ処罰される？

会社に関係していることで会社の未公開情報を知った者が、これを利用して有利な株式取引を行うことが許されるなら、証券市場の公正さが損なわれ、証券取引に対する投資家の信頼を維持できません。

そこで金融商品取引法は、インサイダー取引（内部者取引）を禁止し（同法166条、167条。以下、本項の条数はすべて同法）、違反者には5年以下の懲役もしくは500万円以下の罰金（197条の2）、インサイダー取引で得た財産は没収（198条の2）という刑罰を定め、さらに課徴金制度（175条）という行政罰も定めたうえで、証券取引等監視委員会が常に監視を続けています。

◉規制の内容

インサイダー取引規制とは、上場会社等の会社関係者であって、職務に関して会社の重要事実を知った者は、その重要事実が公表された後でなければ、当該会社の株券等の有価証券の売買等をしてはならない、とする規制です。会社関係者でなくなった後1年以内の者、会社関係者から重要事実の伝達を第一次的に受けた者も同様です。「上場会社等」にはその親会社と子会社の双方を含みます（166条、167条）。

◉インサイダー取引のキーワード

キーワードが3つあります。「会社関係者」「重要事実」「公表」です。

「会社関係者」とは、上場会社等の役員、使用人、顧問弁護士のように会社と契約を締結している者などのことです。

「重要事実」とは、

- 株式の発行や分割、株式交換・移転、会社分割、新製品の企業化、また自己株式の取得や処分などに関して会社が行った決定
- 業務に起因する損害や訴えの提起、主要取引先との取引停止などの事実の発生
- 売上が前期から10%以上増減するなどの業績変動情報
- その他、投資判断に著しい影響を及ぼすもの

◆インサイダー取引規制と３つのキーワード◆

会社関係者等

上場会社等の役員、使用人、契約を締結している者、帳簿閲覧権等を有する株主などや、会社関係者でなくなった後1年以内の者、会社関係者から重要事実の伝達を受ける者など

インサイダー取引規制

会社関係者等が、一定の事由で重要事実を知ったときは、その重要事実が公表された後でなければ、その会社の有価証券の売買等をしてはならない

有価証券

合併

重要事実

株式の発行、株式交換・移転、会社分割、新製品の企業化など

公表

2つ以上の報道機関に公開して12時間を経過したか、またはインターネット（TDネットやEDINET）で閲覧可能になること

※「上場会社等」には、その会社の親会社・子会社を含む

・子会社にこれらの事実が発生した場合、です。

　「公表」とは、重要事実が、会社によって２つ以上の報道機関に公開されて12時間が経過するか、または、インターネット（証券取引所の適時開示規則によるＴＤネットや、財務局のＥＤＩＮＥＴ）で閲覧可能になることです。

◉決定機関、実現可能性

　最高裁は、平成11年（1999年）に、業務執行に関する意思決定を行う機関は取締役会などの会社法上の決定機関に限らず、実質的に会社の意思決定を行えるものであれば足りると判断し、平成23年（2011年）には、会社が決定をしたというためにはその実現可能性が具体的に認められることまでは要しないと判断しています。重要事実となる「決定」の存在が、比較的広く認められているのです。これは、規制の趣旨を重んじ、条文の文言を広めに解釈するものです。

　上場会社等は、ほとんど常に未公表の重要事実を有していますから、会社関係者へのインサイダー取引規制の周知徹底が不可欠です。インサイダー取引に対して課される罰則は次第に厳しくなっていて、罰金に止まらず、執行猶予付きながら懲役刑の言渡しがなされるケースも出ています。

28 株式の消却・併合・分割

◉なぜ自己株式の取得や消却が行われるのか

　株式消却とは、会社が保有する自己株式（自社株）を消滅させることです。消滅させるとは、株券を破棄して、株主名簿から抹消し、その株式をないものにしてしまうことです。これによって発行済みの株式総数が減少します。

　なぜわざわざ自社株を取得したり、それを消却したりするのでしょうか。

　理由は、まず、会社が保有する自社株の評価額は純資産にマイナスとして計上されるため、自社株を取得すると純資産の部の数値が下がります。そこで同じ税引後利益を上げる場合は、ＲＯＥ（Return On Equity：自己資本利益率＝税引後利益を自己資本（≒純資産）で割った数字）が上がります。さらに、自社株を取得すれば、ＥＰＳ（Earning Per Share：1株当たり当期純利益＝自社株を除く発行済株式総数で税引後利益を割った数字）も上がります。また、取得していた自社株を消却すれば、その後、その分の株式が市場に出回らなくなるため、株価を下げる要因がそれだけ減ったという市場の評価につながります。

　別の理由は、中小企業における相続税対策です。オーナーが亡くなって高い評価の株式を相続した場合、上場等していない会社であれば相続した株式を売ることが困難です。そこで、分配可能利益が十分にあるなら、会社が自社株を相続人から購入し、相続人はその対価で納税するというわけです。ただし、この場合は自社株購入等についての税務対策も必要となります。

◉株式の消却手続き

　株式の消却は、取締役会設置会社では取締役会決議でこれを行います（178条）。取締役会非設置会社では取締役ができます。指名委員会等設置会社では執行役に決定を委ねることもできます。

　なぜこのように簡単にできるかというと、消却対象となる自己株式の取得手続自体に別途細かな財源規制、手続規制があるので、その後の消却は、比較的自由にさせても問題ないという判断があるからです。強制的に株式を取得して消却する取得条項付株式（107条、108条）においても同様です。

◆自社株取得や消却が行われる理由◆

①財務指標の改善 ＝自社株取得でＲＯＥ、ＥＰＳが大きくなる

②相続税対策 ＝自社株取得で中小企業株式の非流通性を補う

③株式市場の評価向上 ＝自社株消却で市場に出回り得る株式数を減少する

◉消却によって発行可能な株式の数は復活する？

　株式会社は、定款で発行可能株式総数を定めています。これと発行済株式総数の差の枠内で、新株発行ができるのです。それでは、株式消却によって、この枠内の株式数が増えるでしょうか。

　これについては、広がらない、すなわち、消却によって発行できる株式数が復活しないとするのが判例です。消却された株式分についても、既に一度は株式が発行されているうえ、もし消却によって枠が広がるとすると、消却してはまた株式の発行を繰り返すことが可能で、会社の規模が外部から見て複雑でわかりにくくなってしまうからです。

◉株式併合と分割

　株式併合とは、たとえば、10株を１株にすることです（180条から182条の６）。株式交換等の準備手続きで利用されます。すべての株式について行われる点で、株式消却と異なります。株式分割（183条から184条）は、併合の反対で、たとえば、１株を10株にすることで、投資単位を細分化することです。発行済株式数が増えますから、株価が下がり、株式に流通性をもたせることができます。

29 株式会社の機関の種類（1）

◉株式会社の機関には何があるか

　株式会社は人ではありませんから、意思決定する機関や具体的な取引等の行為をする機関が必要です。活動の適正をチェックする機関も必要です。会社法は会社の機関についてどのように定めているのでしょう？

　会社法は、極端に小さい会社から極端に大きい会社までをひとつの法律で規定しています。また平成26年（2014年）改正で監査等委員会設置会社という新しい統治形態が加わりました。そのため、会社の機関は次の10種です。株主総会、取締役、取締役会、代表取締役、会計参与、監査役、監査役会、執行役、代表執行役、指名委員会等設置会社及び監査等委員会設置会社の委員会です。そのほかに会計監査人もありますが、これは会社の外部にあって会計の監査をするものです。

　そこで、まずこれらの役割の概略を見たうえで、会社のガバナンスの組み立て（会社の機関設計）に際し、これらをどう組み合わせていくべきかのポイントを見ていきましょう。

◉株主総会

　株主総会は、株主の意思で会社の意思を決定する機関で、必ず設置されるものです。本来、会社の所有者たる株主で構成される株主総会が、すべての事項を決定できるはずですが、多数の株主がすべてのことをいちいち総会で決めることは不可能ですし不合理です。

　そこで、株主総会は、原則として、会社の基礎的な重要事項のみを決めます（295条）。たとえば、定款変更、組織変更、取締役・会計参与・監査役の選任・解任などです（466条、309条、329条、339条）。総会で決められた事項には、取締役等も拘束されるので、株主総会はやはり会社の最高機関です。他方で、特に閉鎖的な会社である、取締役会を設置しない会社では、所有と経営の分離がされていないので、株主総会で一切の事項を決定します（295条）。

◆株式会社の機関は10種類◆

代表取締役　株主総会　取　締　役　委　員　会　取締役会　執　行　役　監　査　役　会計参与　代表執行役　監査役会

●取締役

　どんな株式会社も取締役を置かねばなりません（326条）。取締役は、取締役会を置く会社では取締役会のメンバーにすぎません。しかし取締役会を置かずに取締役のみを置く会社（取締役会非設置会社）では、業務を執行し会社を代表します。取締役会非設置会社の取締役は1人でも複数でもよく、複数いるときは、過半数で業務執行の意思決定を行い、また代表取締役を決めたときは、その者だけが会社を代表します（348条、349条）。

●取締役会

　取締役会は、定款で定めることで設置される機関です（326条2項）。ただし、公開会社（すべてまたは一部の株式に株式譲渡制限をつけていない会社）、監査役会を設置した会社、委員会を設置した会社は、取締役会を置かなければなりません（327条）。

　取締役会は、株主総会で選任される取締役全員で構成され、頭数による多数決で、株主総会決議事項以外の会社の意思決定をします。重要財産の処分や多額の借入れ、内部統制システムなどは、取締役会で決めなければなりません（362条4項）。取締役会は、代表取締役等業務を執行する取締役の監督も行います（362条2項）。取締役会を構成する取締役は、3人以上必要です（331条5項）。

30 株式会社の機関の種類（2）

●代表取締役

代表取締役は、①取締役会設置会社では、取締役会で選任される必須の機関であり（362条3項）、②取締役会を設置しない会社で取締役が2人以上いる会社では、取締役の互選または株主総会で選任することができる任意の機関です（349条3項）。

意思決定が株主総会や取締役会で行われても、それを執行する機関が必要です。代表取締役は、他の業務執行担当取締役とともに業務を執行します。また会社を代表する機関でもあります。代表取締役が「甲株式会社　代表取締役乙野太郎」という名義で契約し、その効果が会社に帰属するのです。

代表取締役は、これを選任した取締役会や株主総会で解任できます。会社の実権は、株主総会から取締役会、さらに取締役会から代表取締役に移行・集中しやすいため、誰が代表取締役かは非常に重要です。そこで、時おり、著名な会社でもクーデター的に取締役会の多数決で代表取締役が解任され、世間の注目を集めるのです。

●会計参与

会計参与は、どんな株式会社でも、定款で定めることで、設置できます。選任は株主総会でなされ（326条、329条）、税理士または公認会計士等しかなれません（333条）。会計参与は、取締役や執行役と共同して貸借対照表や損益計算書等の計算書類を作成します（374条）。作成するのであって、できた計算書類を監査するのではない点で、監査役や会計監査人と異なります。

会計参与は、計算書類等を5年間保存し、会社の債権者や株主の要求に応じこれを閲覧させます（378条）。会計参与に期待される主な役割は、中小企業の会計の正確さ、透明さの改善です。

●監査役

監査役も、定款で定めることで、株主総会で選任できる機関です（326条、329条）。取締役会を設置した会社では、原則として、監査役が必要です。委員会を設置する会社には監査を行う委員会がありますから、重複する役割の

◆取締役会における代表取締役のクーデター的解任◆

代表取締役は、取締役会によって解任することができる
（株主総会で選任したときは、株主総会で解任できる）

監査役は置けません（327条4項）。

　監査役は、取締役及び会計参与の職務執行や会計の適正をチェックする機関です（381条）。任務には、会社の規模にかかわらず、会計監査と業務監査の両方を含みます。ただし、**株式譲渡制限会社**（すべての株式に譲渡制限をつけている会社）では、定款で、任務の範囲を会計監査に限定できます（389条）。

●監査役会

　監査役会も、定款で定めることで置ける機関です。公開会社（すべてまたは一部の株式に株式譲渡制限をつけていない会社）で資本金が5億円以上等の大会社では、必ず置かねばなりません（328条）。委員会を置く会社では、監査役が置けませんから監査役会も置けません。結局、監査役会は、委員会を置く会社ではない大規模会社で、取締役の業務や計算のチェックを厳密にするために設けられるものです。監査役会は、監査報告を作成したり、監査の方針を定めたり、各監査役の職務を定めたりします（390条）。**監査役会設置会社には監査役が3人以上必要で、半数以上は社外監査役でなければなりません**（335条）。

31 株式会社の機関の種類（3）

◉執行役・代表執行役

執行役は、指名委員会等設置会社のみに存在する機関です。監査等委員会設置会社は、代表取締役らが業務執行を行いますから、執行役を置くことはできません。指名委員会等設置会社では、取締役会によって必ず1人以上の執行役を選任しなければなりません（402条）。執行役は、取締役会から意思決定を任された会社の業務について自ら意思決定するとともに、会社の業務を執行します（418条）。

執行役が1人であれば、その者が当然に会社を代表する代表執行役となり、執行役が複数のときは、取締役会によって代表執行役が選ばれます（420条）。執行役が複数いるときの各自の職務内容や執行役の相互関係も、執行役同士の相談ではなく、取締役会によって定められます（416条）。取締役会によって執行役が監督される体制を基本にしているのです。

なお、実務上「執行役員」という肩書が多くの会社で使われています。これは、業務について一定の責任ある地位を担当していることを示す肩書であるものの、会社法上の「執行役」とは異なります。「執行役員」の具体的な担当業務は、それぞれの会社の内部規定等によって定まります。執行役員は、経営効率上取締役をあまり多くしないことと、従業員を責任ある地位に就けることとを両立させるために置かれる場合もあります。

◉委員会

定款で定めることで、すべての株式会社は、指名委員会等設置会社や監査等委員会設置会社になれます（326条2項）。会社の大小を問いません。なお、特例有限会社は、委員会を置く会社にはなれません。

指名委員会等設置会社の委員会のメンバーたる委員は、取締役会決議によって、取締役のなかから選任されます。委員会は、委員3人以上で構成され（400条）、各委員会の委員の過半数は、社外取締役でなければなりません（400条3項）。委員会には、指名委員会、監査委員会、報酬委員会の3種があります（404条）。一方、監査等委員会設置会社の委員会のメンバーは、株主総

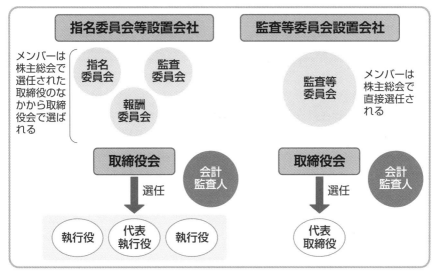

◆指名委員会等設置会社と監査等委員会設置会社における設置機関の比較◆

指名委員会等設置会社

メンバーは株主総会で選任された取締役のなかから取締役会で選ばれる

指名委員会　監査委員会　報酬委員会

取締役会　会計監査人

選任

執行役　代表執行役　執行役

監査等委員会設置会社

監査等委員会

メンバーは株主総会で直接選任される

取締役会　会計監査人

選任

代表取締役

会で直接選任されます（329条）。委員会は、監査等委員会のみで（2条11号の2）、委員は全員取締役であり、その過半数は社外取締役です（331条）。

◉会計監査人

会計監査人は、公認会計士または監査法人のみがなることができ、会社の計算書類等を監査して報告書を作成します（396条）。定款で会計監査人の設置を定め、株主総会で具体的に選任します（326条2項、329条）。

取締役会を置くか否かや会社の規模にかかわらず、監査役を設置する会社であれば会計監査人を置くことができます（326条2項）。ただし、特例有限会社は会計監査人を置くことはできません。

また、指名委員会等設置会社、監査等委員会設置会社、及び資本金5億円以上等の大会社では、会計監査人を置くことが義務づけられています（327条、328条）。監査を厳重に行う必要があるからです。なお、会計監査人は、会社の機関ではなく会社外部の存在です。

32 社外取締役・社外監査役

厳格な社外性要件、社外取締役への業務執行委託

◉社外役員の意義

社外役員（社外取締役、社外監査役）は、社内の指揮命令関係の影響を受けない立場で取締役会や監査役会等で発言等することで、健全な経営維持に資する役割が期待される者です。そのため、資格要件として、会社関係者でないこと（＝社外性要件）が要求されています。

特に社外取締役には、経営へのアドバイス、経営陣と株主の利益相反場面での対応、海外機関投資家等の会社統治に対する信頼確保等、コーポレートガバナンス上の重要な役割が期待されるため、令和元年改正会社法は、公開会社（すべてまたは一部の株式に株式譲渡制限をつけていない会社）で、かつ資本金5億円以上等の大会社である上場会社等（有価証券報告書提出義務のある会社）の監査役会設置会社は、社外取締役を1人以上置くことを義務化しました（327条の2）。

また、コーポレートガバナンス・コードでは、監査役会設置会社たる上場会社等には独立社外取締役を2人以上置くことが求められています。さらに、同コードの令和3年（2021年）の改定では、東京証券取引所が令和4年（2022年）にスタートさせる新市場区分の最上位たるプライム市場の上場会社には、独立社外取締役を取締役全体の3分の1以上にするよう求める見込みです。なお、ここにいう「独立」とは一般株主と利害相反しない立場にあるという意味です。

◉社外性要件

具体的な社外役員の資格要件は次のとおりです（2条15号、16号）。

【社外取締役】次のすべての要件を満たすことが必要です。

- 当該会社またはその子会社の「業務執行取締役若しくは執行役または支配人その他の使用人」（以下「業務執行取締役等」）ではない。
- 当該会社の経営を支配している個人、または親会社の取締役若しくは執行役若しくは支配人その他の使用人ではない。
- 親会社の子会社（当該会社を除く）（以下「兄弟会社」）の業務執行取締役

◆社外役員の要件の厳格化◆

社外役員（社外取締役、社外監査役）

→ 社内の指揮監督命令関係の影響を受けない強い社外性をもつ社外役員による、会社の経営に対する適正な監督を期待

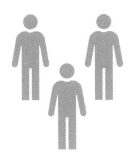

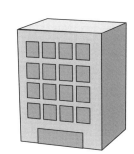

※会社利益保持のため社外取締役に業務執行委託も可能

等ではない。

- 当該会社の取締役、支配人、その他の重要な使用人または支配個人の配偶者、二親等内の親族（親子、兄弟姉妹等）ではない。
- 社外取締役就任の前10年間に、当該会社またはその子会社の業務執行取締役等ではない。取締役、会計参与、監査役であった場合はそれらに就任する前10年間に業務執行取締役等ではない。

【社外監査役】次のすべての要件を満たすことが必要です。

- 社外監査役就任の前10年間に、当該会社またはその子会社の取締役、会計参与、執行役、支配人その他の使用人ではない。
- 当該会社を支配する個人、または親会社の取締役、監査役、執行役、支配人その他の使用人ではない。

- 当該会社の兄弟会社の業務執行取締役等ではない。
- 当該会社の取締役、支配人その他の重要な使用人または支配個人の配偶者、二親等内の親族ではない。

　さらに、親子会社間で利益相反が生じた場合、社外役員としての実効的な役割を期待できないと考えられます。そこで親会社の社外監査役も、子会社の社外監査役になれません。

　他方、親族要件によって社外性が否定される使用人は、「重要な使用人」に限定されています。すべての使用人を対象とすると、社外役員の候補者の近親者に使用人がいないことを確認するのが難しいからです。

　また、過去に会社関係者となったらその後、いつまで経っても社外役員になれないとするのも不合理なので、社外役員就任前10年間のみの社外性がチェックされます。

◉社外取締役への業務執行委託

　たとえば、親会社と子会社が取引をする場合は、子会社取締役が親会社の利益を図り子会社に不利な取引をする可能性があります。このような場合、子会社の社外取締役に取引を担当させるほうが、親会社の業務執行のライン上にいる子会社取締役に担当させるよりも、子会社の利益を保護することにつながります。経営陣が会社の事業等を取得するMBO（マネジメント・バイアウト）の場面でも、経営陣と会社とは利益相反関係にあるので、会社側の交渉担当を社外取締役に委託するほうが会社の利益を保護できます。

　そこで、令和元年改正会社法は、取締役会の決議によって、会社と取締役の利益が相反する場合などには社外取締役に業務を委託できるとされました。社外取締役が代表取締役などの指揮命令下で行ったのではない限り、その業務執行は会社の業務執行に該当しないとされます（348条の2）。すなわち、当該業務を行っても社外性は否定されず、社外取締役の資格を喪失しません。

33 機関設計のポイント

定款で定めることでさまざまな機関設計が可能

●定款による機関設計の自由とその制約

　株式会社は、株主総会と取締役を除く機関、すなわち、取締役会、会計参与、監査役、監査役会、会計監査人を設置するか否か、また、委員会を置く会社（指名委員会等設置会社または監査等委員会設置会社）になるか否かを、定款で自由に決められます（326条）。代表取締役も、取締役会非設置会社では、置くかどうか自由です。

　この自由への制約は次の3種です。まず、株式譲渡制限会社（すべての株式に譲渡制限をつけている会社）ではない会社（公開会社：2条5号）では、取締役会が必要等、株式譲渡制限会社か否かによる制約。次に、取締役会を設置する場合は監査役設置会社または委員会を置く会社になる等、ある機関設計を選択したことに伴う制約。最後が、資本金5億円以上等の大会社（2条6号）は会計監査人が必要等、会社規模による制約です（326～328条：次ページ表を参照）。

●設置するかどうかの基本ポイント

　①取締役会の要否は、株主による直接支配が適切と考えるかで決まります。非設置会社は、株主総会で一切の事項を決定でき、1株でももつ株主は、株主総会での提案ができます。所有と経営がまったく分離していないパターンです。

　②会計参与は、会社の機関として株主代表訴訟の対象になる税理士等（この点が、税務申告書の作成を依頼しただけの場合と異なります）に、計算書類を作成させるメリットの有無で決まります。金融機関への提出、私募債募集等で、財務の信頼性を示したい会社は、設置を検討することになります。

　③監査役は、取締役会設置会社では原則として設置義務があり、委員会を置く会社では置けないので、選択の余地は少ないのです。ただし株式譲渡制限会社は、会計参与さえ置けば、取締役会があっても、監査役は不要です（327条2項）。また取締役会非設置会社は、監査役を置かないことができます。

　④監査役会は、3人以上の監査役が必要で、その半数以上が社外監査役と

◆ "すべて自由" というわけにはいかない ◆

	機関の自由設計への制約 （当該会社が置かねばならない機関）	理　由
I	**取締役会** （327条1項） ・公開会社 ・監査役会設置会社 ・委員会を置く会社	大きめの会社の意思決定を合理的にするため
II	**監査役** （327条2項、3項） ・取締役会設置会社（原則） ・会計監査人設置会社（原則）	所有と経営が一応分離しているので、経営のチェックをするため 会計監査人の独立を監査役に守らせるため
III	**会計監査人** （327条5項、328条） ・委員会を置く会社　・大会社	大規模会社の会計チェックのため
IV	**監査役会** （328条1項） ・公開会社である大会社	所有と経営が完全に分離しているので、厳重な監査が必要だから

※委員会を置く会社は監査役（会）を置けない（327条4項）　※すべての株式会社は会計参与を置ける（326条2項）

いう大がかりなものです。株式譲渡制限会社ではない大会社では設置が義務づけられるので、大会社で株式譲渡制限があるとか、今後大会社や上場会社になる可能性があるなどのときに、設置が検討されるものです。

　⑤会計監査人は、委員会を置く会社や大会社では設置義務があり、それ以外の会社では、上場を考えている等、特に強い財務監査が必要な会社が、設置を検討するものです。

　⑥指名委員会等設置会社になるかは、自己監査に陥りやすい弱点を排斥すること、その反面、社外取締役が過半数の指名委員会が取締役選任議案を決めたりする点等をどう考えるかで決まります。監査等委員会設置会社になるかは、上場会社等で、敢えて監査役会ではなく監査等委員会を置くことが、果たして会社の信用力アップにつながるかの判断によります。

34 株主総会の意義と権限

基本方針を決める最高意思決定機関

●意思決定機関

　会社は人ではありませんから、活動をしていくためには意思決定をする機関が必要です。しかも、意思決定は会社活動のさまざまな場面で必要になってきます。

　会社法は、株主総会、取締役会、取締役や代表取締役、執行役や委員会等、意思決定に関わるさまざまな機関を用意しています。しかし、会社の運営についてもっとも基本的な方針を決めるべき立場にあるのは、会社の共同所有者である株主で構成される株主総会です。株主総会は、会社の最高意思決定機関なのです。

●株主総会の権限と機能

　会社の所有者である株主によって構成される株主総会は、本来、会社に関するすべての事項を決定できるはずです。そこで会社法も、株主総会は、会社の運営、管理等に関する一切の事項について決議できるとしています（295条1項）。ただし、これは非常に閉鎖的な会社、すなわち、取締役会を設置しない会社においてのみです。

　むしろ一般的には、多数の株主がどんなことについてでもいちいち総会を開いて決めなくてはならないとすることは困難ですし、合理的でもありません。そこで、上記以外の会社、すなわち、取締役会を設置する会社においては、株主総会は、会社法または定款で定められた事項のみを決議する機関とされ、意思決定の範囲が限定されているのです（295条2項）。

　会社法で定められている株主総会の決議事項は、会社の基礎的で重要な事項です。たとえば、定款変更、事業の譲渡、取締役や執行役・監査役の選任・解任、取締役等の報酬、計算書類の承認、剰余金の処分（配当）、資本額の減少などです。これらの事項を総会で決めれば、その範囲では取締役等もこれに拘束されるわけで、やはり株主総会は会社の最高意思決定機関ということになります。

　また、株主総会の議題について株主に事前準備の機会を与えるのが株主総

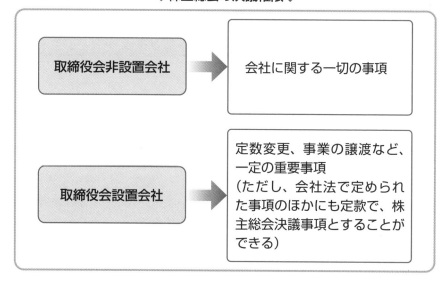

◆株主総会の決議権限◆

取締役会非設置会社 → 会社に関する一切の事項

取締役会設置会社 → 定数変更、事業の譲渡など、一定の重要事項
（ただし、会社法で定められた事項のほかにも定款で、株主総会決議事項とすることができる）

会招集通知ですから、招集通知に記載されていなかった議題について、株主総会で決議することはできません（309条5項）。

　なお、会社法によって株主総会決議事項とされた事柄を、取締役会その他の下部機関に決定させることはできません（295条3項）。そのような定款の定めをしたとしても無効です。定款で定めることにも限界があるというわけです。

◉株主総会での取締役等の説明義務

　最高意思決定機関である株主総会が形骸化することを防ぐため、取締役、会計参与、監査役及び執行役は、株主総会で株主から質問された事項については、必要な説明をしなければなりません（314条）。株主には総会での質問権があるのです。ただし、質問事項が総会の議題と関係がない場合や、営業秘密等、説明することで株主全体の利益を損なう場合などは、説明を拒むことができます（314条ただし書き）。なお、議長は、株主総会の議事進行の秩序を乱す者を退場させることもできます（315条2項）。

35 株主総会の招集手続きと決議方法

取締役会設置会社の場合

株主総会の招集手続き等は、取締役会設置会社とそうでない会社で異なります。ここでは取締役会設置会社について見ておきましょう。

◉招集通知の発送

株主総会は、多数の株主が一堂に会し会社の重要事項を決定する場で、株式の数による多数決が行われます。そのため、株主には参加する機会が公平に確保されねばなりません。そこで、招集手続きは次のように定められています。

まず、取締役会が日時、場所、議題等を決定し（298条）、各株主にこれらを記載した招集通知を、原則として書面で発送しなければなりません。

発送は、株式譲渡制限会社では総会の日の1週間前までに、株式譲渡制限会社ではない会社では2週間前までに行わねばなりません（299条）。総会開催地は、株主が出席するのに特に不便な場所でなければどこでもよく、本店の所在地等である必要はありません。

◉株主総会資料のインターネットでの提供

株主総会資料をインターネットで提供するのであれば印刷の費用等が省けるし、より早く株主に情報を提供することも可能となります。そこで令和元年改正会社法は、定款に定めることで、株主総会資料を自社のホームページ等のウェブサイトに掲載し、株主にそのURLを書面により通知すれば、株主の個別の承諾を得なくても株主総会資料を提供したことになるという制度を新設しました（325条の2〜325条の7）。ただし、電子提供できるのは事業報告や計算書類等であり、招集通知自体は、株主の承諾を得てeメールで発送する場合を除き（299条3項）、書面で行わなければなりません（299条2項）。

また、総会資料のウェブサイトへの掲載は、株主総会日の3週間前の日、又は招集通知を発した日のいずれか早い日までに行わなければなりませんし（325条の3）、株主が会社に株主総会資料を書面で交付するよう請求した場合は、書面で提供しなければなりません（325条の5）。

◆株主総会の招集手続き◆

取締役会による日時、場所、議題の決定

↓

総会の日から2週間前（株式譲渡制限会社ではない会社）、
または、1週間前（株式譲渡制限会社）までに、各株主に
議題を記載した招集通知を発送

※総会開催地は本店所在地でなくてもよい
※株主全員の承諾があれば、招集手続き不要
※株主全員が書面またはeメール等で議案に同意した場合は、その議案は株
　主総会で可決されたものとみなされる
※インターネットでの総会資料提供も可能

◉株主全員の承諾があれば招集手続きは不要

　招集手続きは、株主に参加と検討の機会を与えるためのものですから、株
主全員の承諾があれば、招集手続きなく株主総会を開催できます（300条）。
事前にその承諾を得た場合も、総会当日に全員が承諾した場合も同様です。

◉代理人も出席できる

　総会に自ら出席できない株主は、代理人を出席させられます（310条）。株
主の数が1,000人以上の会社等では、総会に出席しなくても、会社から送ら
れてくる議決権行使書面に記載し返送することで、決議に参加できます（書

面による議決権の行使：298条2項)。

　代理人による議決権行使に関し、「代理人の資格を株主に限る」と定款で定めることが、議決権行使を不当に制限し許されないのではないかが争われましたが、裁判所は、株主総会が第三者によって撹乱されることを防ぐための合理的な制限として、この定めを有効と判断しています。

◉株主総会の開催自体を省略できる場合もある

　株主総会の目的事項の提案がなされ、これに議決権を有する株主全員が書面またはeメール等で同意したときは、その提案が株主総会で可決されたとみなされます（319条）。この方法は、総会開催自体を省略する点で、総会の開催を前提とする上記の書面による議決権の行使とは異なります。総会を開かなくても総会決議があったことになるのです。

◉決議要件

　株主総会では、議決権の過半数を有する株主が出席し（定足数）、出席した株主の議決権の過半数（決議要件）で決議されるのが原則です（普通決議）。ただし、この定足数については、定款で完全に排除することができ（309条1項）、多くの会社で排除されています。他方、定款変更や合併、重要な事業の譲渡など、特に重要な決議をするには、議決権の過半数を有する株主が出席し、出席した議決権の3分の2以上の多数決で議決することが必要とされています（特別決議）。ただし、特別決議については、定款で、定足数を3分の1以上に緩和でき、決議要件については3分の2より大きな割合に厳格化することだけが認められます（309条2項）。

36 取締役会を設置しない会社の株主総会

◉取締役会を設置しない会社とは

　取締役会を設置しない会社（取締役会非設置会社）は、会社統治が株主総会と取締役で行われる会社です。株式譲渡制限会社のみがこのガバナンスを選択でき、少数支配による閉鎖会社の典型です。他方、総会招集手続きを簡略化できるなど便利な面があるため、親会社が子会社にこの形態を利用する場合もあり得ます。常に中小零細企業のためのガバナンスとも言い切れません。

　なお、特例有限会社は、取締役会を設置できないので常に取締役会非設置会社です。

◉株主総会の権限

　まず取締役会非設置会社（この項では「会社」という）では、会社の管理に関する一切の事項を株主総会で決めることができます（295条1項）。代表取締役を誰にするとか、新規店舗の設置とか、借り入れとか、通常であれば取締役会決議事項でも、株主総会で何でも決められます。

　また、取締役には判断を委ねることができず株主総会で決議しなければならないとされる事項も、取締役会設置会社よりも広く設定されています。譲渡制限株式の譲渡を承認するかどうかや（139条1項）、取締役の利益相反取引の承認（356条1項）も株主総会で決議しなければなりません。

　株主が、会社経営に直接関与し所有と経営が一致している会社、それが取締役会非設置会社なのです。

◉総会招集手続きも簡略化されている

　この会社では、株主総会の招集時期や場所を取締役が決定します。信頼関係で結ばれた少数株主による支配を特徴とするため、招集通知の発送は、総会日から定款で定められた期間を開けた日にすれば足り、その期間を定款で1週間より短くすることもできます。3日前発送でも、定款で定めればOKです（299条1項）。

　招集通知は電話や口頭でも可能で、書面やeメールによる必要もありませ

> ## 取締役が議題や日時等を決定
>
> ## 招集通知は電話や口頭で可能
>
> ## 招集通知に資料添付不要

ん（299条2項）。さらに、通常の会社では株主総会の招集通知には原則として計算書類などの資料の添付が必要ですが、この会社ではこれらの資料を添付する必要もありません。

　また、取締役会設置会社では、招集通知に議題として記載された事項以外は当該株主総会で決議できないのに対し、取締役会非設置会社では、招集通知に記載された議題以外でも、当該株主総会で決議できます。この点は、取締役会設置会社における取締役会と同様です。

◉1株の株主でも株主提案できる

　株主が株主総会で自ら議題を提案しようとするときには、原則として、総株主の議決権の100分の1以上の議決権、または300個以上の議決権を有していなければなりません。しかし、所有と経営の分離していないこの会社では、そのような制限が撤廃されており、1株でも所有している株主は、株主総会の議題、議案を自ら提案できます。

37 会社関係手続きのIT化

◉会社法とIT

　会社法は、経営合理化や株主の権利行使機会の増大を図るため、eメールによる株主総会の議決権行使等、会社関係手続きのIT化を認めます。大別して、株主等の権利行使、会社関係書類の作成・備え置き、公告の3つの分野です。

◉株主等の権利行使との関係

　株主や社債権者等から会社に対して、逆に会社から株主や社債権者等に対して、電磁的方法、すなわち、eメールやホームページの閲覧等で行うことが広く可能になっています。たとえば、会社は、株主総会の招集通知を、株主の同意を得ればeメールでできます（299条3項）。会社が株主に通知する場合全般について、株主から届け出られたメールアドレスに送信すれば、当該通知は、通常到達すべきときに提供されたとみなされます（126条）。株主は、会社の承諾を得て、eメールで株主総会の議決権行使ができます（312条1項）。会社は、総会招集通知をeメールで受けることを承諾した株主に対しては、正当な理由がなければeメールによる議決権行使を拒めません（312条2項）。さらに令和元年改正会社法によって、会社の判断で株主総会資料を株主にインターネットで提供できるようになりました（325条の2以下、93ページ参照）。

◉会社関係書類の作成・備え置き

　定款も、電磁的記録で作成できます。パソコンで作成しハードディスクなどの媒体で保存できます（26条、575条）。必要な署名等は、電子署名等の方法で行います。株主総会議事録も（318条3項）、取締役会議事録も（369条4項）、会計帳簿も（389条4項2号等）、貸借対照表、損益計算書等の計算書類やその附属明細書も、同様です（435条3項）。

◉ホームページによる公告

　会社は、組織変更や債権者保護手続き、貸借対照表の公示等のため、公告手続き（公に知らせること）をとらなければならない場合があります。その

◆ITが活躍する場面◆

会社関係手続きの
IT化は、どんな場
面でできますか？

ア　株主等の権利行使の場面
イ　書類の作成、備え置きの場面
ウ　会社情報の公告の場面

大きく分けて
3つあります

ため、会社は、定款で公告方法を定められます（939条1項）。官報や特定の
日刊新聞紙で行うなどと定めることができます。会社が公告の方法を定款に
定めなければ、官報で公告することになります（939条4項）。

　この公告も、定款で、電子公告、すなわち、ホームページに掲載すると定
められます（939条1項3号）。この場合は、ホームページのURLが登記さ
れます（911条3項28号）。

　なお、定款で定め、一定期間継続的にホームページに掲載することにより、
株主総会参考書類に記載すべき事項の一部や、事業報告に記載すべき事項の
一部等につき書面による提供を省略できます（会社法施行規則94条、133条
等）。

◉貸借対照表の全文公告

　株式会社は、貸借対照表（上場等していない会社で、かつ、資本金5億円
以上等の大会社では、貸借対照表と損益計算書の両方）を公告しなければな
りません（440条1項）。この貸借対照表の公告は、官報や新聞紙上で行うと
きは、その要旨で足りますが、ホームページ上で行うときは、手間や費用が
かからないこと、本来はできるだけ詳しい情報を提供すべきことから、要旨
でなく、全文を掲示するものとされています（440条2項）。上場等している
会社は、有価証券報告書等でより詳しい情報開示がなされているので、貸借
対照表等の公告は不要です。

38 株主提案議案の個数制限、議決権行使書面閲覧制限

◉株主も株主総会の議題と議案を提出できる

　株主総会の議題と議案は、通常、取締役会が決定して株主総会で審議されます。「議題」とは、たとえば、「取締役2名選任の件」であり、「議案」とは、たとえば、A氏とB氏を取締役に選任するという具体的に決議すべき内容のことです。

　他方、会社法は株主にもこれらの提案を認めています。議題については、公開会社では議決権の100分の1以上または300個以上の議決権を6か月前から有する株主は、株主総会日の8週間前までに会社に議題を提案できます（株主の議題提出権：303条）。公開会社ではない会社で取締役会を設置している会社は、経営への株主関与がより密なため、これらの要件のうち6か月前から株式を有するという要件が省かれて議題提出権が認められています（303条3項）。

◉株主の議案提案権

　株主は、議題のみならず、取締役会が決定した議題または自ら提案した議題に対して、具体的な議案を提案できます（株主の議案提案権）。たとえば、「取締役2名選任の件」という議題について、会社提案のA氏、B氏でなく「自分とC氏を取締役に選任する」という議案の提案です。

　議案提案権には、株主総会に実際に出席しその場で発言して提案する場合（304条）と、総会日より前に予め会社に提案しておく場合（305条）の2種があります。前者は動議といわれるものです。

　動議は総会に出席した株主であれば誰でも可能です。しかし、株主が事前に会社に議案を提案するには要件があります（株主の議案事前提案権）。公開会社においては、議決権の100分の1以上または300個以上の議決権を6か月前から有する株主が、株主総会日の8週間前までに提案することができます（305条1項）。公開会社ではない取締役会設置会社では、6か月前からという要件が省かれて提案権が認められます（305条2項）。

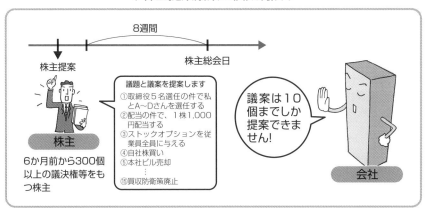

◆株主提案議案の個数制限◆

8週間

株主提案　　　　　　　　　　株主総会日

議題と議案を提案します
①取締役5名選任の件で私とA～Dさんを選任する
②配当の件で、1株1,000円配当する
③ストックオプションを従業員全員に与える
④自社株買い
⑤本社ビル売却
　：
⑮買収防衛策廃止

議案は10個までしか提案できません!

株主
6か月前から300個以上の議決権等をもつ株主

会社

◉議案事前提案権の制限

　議案事前提案権に関し、1人の株主が非常に多くの提案をしてくる等、権利が濫用される場合もありました。

　そこで令和元年改正会社法は、1人の株主が1つの株主総会で提案できる議案の数を10個までに制限しました（305条4項以下）。たとえば、15個の提案がされた場合、そのうち10個しか提案することが許されません。どの5個が提案できなくなるかは、株主が優先順位をつけていない限り、会社が判断します（305条5項）。ただし、取締役、監査役、会計参与、会計監査人の選任議案は人数にかかわらず1個の提案とされます（305条4項）。選ぶべき取締役等の人数が多いときに1人の取締役等につき1個の議案と数えると、すぐに10個が埋まってしまうからです。

◉議決権行使書面の閲覧制限

　株主は、株主総会に提出された議決権行使書面の閲覧請求ができます。議決権行使書面とは、実際には株主総会に出席しない株主が、会社に提出することで議決権を行使する書面です（311条1項）。

　令和元年改正会社法は、その閲覧請求をする場合は、株主は請求の理由を明らかにしなければならず、議決権等株主の権利行使に関する調査以外の目的の場合は、会社は閲覧請求を拒めるとしました（311条4項、5項）。議決権行使書面には株主の住所など個人情報が記載されていることもあり、取得された情報が濫用されることを防ぐためです。

39 種類株主総会とは どんなもの？

◉なぜ種類株主総会がある？

会社は、いろいろな種類の株式、すなわち、その株式によって与えられる株主の権利が他の株式と異なる株式を発行できます。そこで、そのような株式をもつ株主（種類株主）の意思を決める手続きが必要になります。これが種類株主総会です。

「株主総会」といっても、決算報告がなされたりする通常の株主総会とはまったく異なり、種類株式が発行されている場合にのみ、定款や会社法の定めに応じて、その種類の株主の意思を決定するために開かれる会議にすぎません。ですから、定時種類株主総会なるものも開かれないのです（325条）。

◉種類株主総会が開かれるとき

種類株主総会が開かれるのは、①定款で定められた場合と、②会社法で定められている場合の2つです（321条）。

①につき、会社は、定款で、株主総会や取締役会で決議すべき事項を、「それらの決議に加えて、ある種類株主総会の決議を必要とする」と定めることができます（108条1項8号）。たとえば取締役の選任について、通常の株主総会決議に加えて、種類株主総会の決議を必要とすることができます（拒否権付株式）。

また、指名委員会等設置会社ではない株式譲渡制限会社では、「取締役の選任は、ある種類の株主によって決められる」等と定款で定めることができます（108条1項9号）。これは、拒否権があるというのとは異なり、その種類株主総会の決議のみで取締役を選任するものです。このような定款の定めがある場合も、種類株主総会が開かれます。

②は、当該種類株主に影響を与える行為を会社がする場合に、その種類株主の意思を確認するために開催されるものです。たとえば、「ある種類の株式の譲渡については会社の承諾を必要とする」という定款の定めを設ける場合は、対象種類株主の総会で、議決権を有する株主の頭数の半数以上が出席し、出席株主の議決権の3分の2以上の多数で承認されなければなりません

◆どんなときに開催される？◆

（324条3項）。また、「ある種類の株式をすべて会社が取得してしまう」と株主総会決議で決めるときにも、対象とされる種類株主の総会で、議決権の過半数を有する株主が出席し、出席株主の議決権の3分の2以上の多数で承認されなければなりません（324条2項）。

●種類株主総会での可決要件

上記のように、特に重い決議要件が定められている場合を除いて、種類株主総会の議決は、その種類株式の議決権の過半数を有する株主が出席し（定足数）、出席株主の議決権の過半数によって決議されるのが原則です（普通決議：324条1項）。ですから、上記①の拒否権の行使も、この普通決議でなされます。

●招集手続等は通常の株主総会と同じ

種類株主総会の開催等の手続きは、通常の株主総会についてのルールがそのまま使われます（325条）。ですから、招集のやり方、議事録の作成等、通常の株主総会と同様に行わねばなりません。

40 株主総会決議取消しの訴え

◉総会決議の効力の問い方

　株主総会は、多数の株主が集まって意思決定をする重要な機能をもつものですから、決議について手続きまたは内容の間違い（瑕疵）があったときに、決議の効力をどうするかが問題となります。

　一般論としては、手続きや内容にミスがある以上、当然、その決議は無効です。しかし、会社の場合は、総会決議の有効・無効が多数の関係者（会社、株主、取締役、執行役、債権者、取引先、投資者など）の利害に大きな影響を与えます。通常の株主総会ではない種類株主総会であっても同じです。

　そのため、会社法は株主総会（種類株主総会を含む）の決議の不存在確認及び無効確認の訴え（830条）、さらには決議取消しの訴え（831条）を特に規定しました。この項では、決議取消しを取り上げます。

◉決議取消しの訴えを起こせる場合

　まず、株主総会決議取消しの訴えを起こせるのは、①総会招集手続きや決議の方法が、法律や定款に違反するか、著しく不公正なとき、②決議の内容が定款に違反するとき、③決議に特別な利害関係をもつ株主が参加したことで著しく不当な決議がなされたときです（831条）。

　具体的には、①招集通知もれ、招集通知期間の不足、定足数の不足、②定款に定められた人数より多く取締役を選任した、③その会社の事業の議受人が決議に参加したため著しく安い価額で譲渡の決議がされてしまった、などです。このような場合には、株主、取締役、監査役、執行役または清算人は、総会決議取消しの訴えを提起することができます。

◉裁判所の裁量による棄却

　ただし、たとえ決議取消しの訴えを提起できる場合でも、裁判所が、裁量で訴えを退けて棄却判決してよい場合が定められています。それは、違反が重大でなく、かつ、その違反があったとしても決議の結論に影響を及ぼさないと認められる場合です。この場合は、総会決議を取り消す実質的理由がないので、裁判所は訴えを棄却できるとされています（831条2項）。

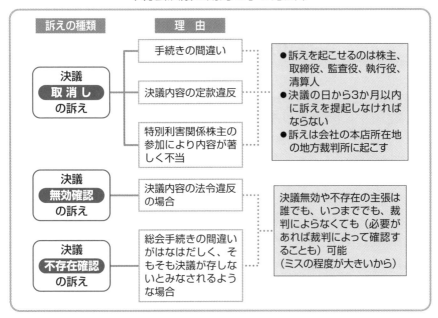

◆総会決議の効力を争う方法◆

訴えの種類　　　　**理　由**

決議
取消し
の訴え
- 手続きの間違い
- 決議内容の定款違反
- 特別利害関係株主の参加により内容が著しく不当

● 訴えを起こせるのは株主、取締役、監査役、執行役、清算人
● 決議の日から3か月以内に訴えを提起しなければならない
● 訴えは会社の本店所在地の地方裁判所に起こす

決議
無効確認
の訴え
- 決議内容の法令違反の場合

決議
不存在確認
の訴え
- 総会手続きの間違いがはなはだしく、そもそも決議が存しないとみなされるような場合

決議無効や不存在の主張は誰でも、いつまででも、裁判によらなくても（必要があれば裁判によって確認することも）可能
（ミスの程度が大きいから）

◉訴訟及び判決の効果

　この訴えが提起されただけでは、決議に基づいた行為を止めなくてはならないことにはなりません。取消判決が確定したときに初めて、決議が最初から効力がないもの（無効なもの）として扱われるのです。取消判決が確定したら、裁判の当事者のみならず、広く第三者（裁判の当事者以外の者）に対してもこの効果が及びます（838条）。多数の利害関係人を画一的に扱うためです。

◉訴えの手続的制約

　会社の法律関係は、利害関係者が多数ですから早期に安定させる必要があります。そのため、決議取消しの訴えは、決議の日から3か月以内に提起しなければなりません（831条）。さらに、訴訟を提起した後、その訴訟において決議の日から3か月経過した段階で新たな取消理由を追加して主張することも許されないとするのが判例です。

　取消しの訴えを起こす裁判所は、会社の本店所在地の地方裁判所です（835条）。

41 株主総会決議の無効と不存在

決議取消しの場合と異なり主張方法に制約がない

◉誰でも、どんな方法でも主張できる

通常の株主総会でも種類株主総会でも、手続きや決議内容に著しいミス（瑕疵）があったときは、決議が無効または不存在とされます。決議取消しの場合と比べて瑕疵のレベルがより重大な場合です。

それがどのような場合かといいますと、まず決議内容が、定款ではなく法令に違反している総会決議は無効です。決議内容の瑕疵がはなはだしいので、もはや有効として扱うことができないからです。定款に違反しているだけであれば、決議取消しのみの対象となるだけです。他方、株主総会の手続きの瑕疵がはなはだしいときには、総会決議が不存在とされます。内容を論じるまでもなく、決議自体がないというべきだからです。

たとえば、分配可能額がないのになされた配当決議や、欠格事由のある者を取締役や監査役に選ぶ決議は無効です。議事録は作成されているが総会がまったく開かれていなかったとか、ごく一部の株主しか招集通知を受けていなかった場合は、総会決議は不存在とされます。

この株主総会決議無効や株主総会決議不存在は、決議取消しの場合と異なり、誰でも、どのような方法でも（裁判によらなくても）、いつまでも主張できます。取消訴訟のような制約がない理由は、瑕疵の程度が重大だからです。

もちろん、裁判によって主張することに利益がある場合には、訴訟によって無効や不存在を確認できます（830条）。訴訟を提起するときは、取消訴訟と同じく、会社の本店所在地を管轄する地方裁判所に提起しなければなりません（835条）。また判決の効力は、取消判決と同様、画一的効力を認める必要から、訴訟の当事者以外の第三者にも及びます（838条）。

◉こんなとき瑕疵が問題となる

総会決議の瑕疵が問題となった判例を見てみましょう。

株主総会は、取締役会で開催の日時、場所、目的などを決めて、代表取締役が招集するのが原則です。そこで、代表取締役でない取締役（平取締役）

◆こんなとき、株主総会は不存在となる◆

が取締役会の決議なしに勝手に株主総会を招集した場合は、招集手続きの瑕疵が著しく、総会決議は不存在とされています。また発行済み株式の40%ほどの株式を有する株主に株主総会招集通知が送られなかった場合も総会決議は不存在とされています。さらに、取締役選任決議を経ていない、たんに登記されているだけの取締役がメンバーとなった取締役会は、正当な取締役会とはいえませんから、この取締役会で選任された代表取締役が招集した株主総会の決議も、瑕疵が著しく、総会決議不存在とされています。

◉担保提供命令

　株主総会決議取消しや、無効確認、不存在確認の訴訟を提起した株主が、実は無効等の理由がないことを知っているはずだと被告である会社側が裁判所に主張し、それに一応の説得力が認められた場合は、裁判所は、訴訟を提起した原告株主に対し、会社の損害賠償請求に備えるための担保を積むよう命じることができます（担保提供命令）。

　ただし、その株主が取締役や監査役、執行役、清算人であるときは、いわば内部告発であって、これを萎縮させるのは適当ではないので、担保提供命令を発することはできません（836条）。

42 総会屋対策

◉株主の権利

　株主は、株主総会において、取締役や監査役等に会社経営について説明を求めることができます（314条）。総会決議の手続きや内容に違法な点などがあれば決議取消しの訴え（831条）や無効確認の訴え、不存在確認の訴え（830条）を起こすこともできます。

　また、取締役の責任を追及する訴えを会社に代わって自ら起こすことも可能ですし（代表訴訟：847条）、総株主の議決権の100分の３以上の議決権を有しているなどの要件を満たせば、裁判所の許可を得て自ら株主総会を招集することもできます（297条）。さらに、株主として総会に出席すれば、そこでの発言、野次その他により、事実上、総会の議事運営に影響を与えることもできます。株主自らが総会の議案を提案したうえ（305条）、他の株主の委任状を集めるなどして総会で決議させ、株主の考えを経営に通すことも可能です。

◉総会屋とは

　このような株主の地位を利用して利益を得るため、まず株式を取得して株主になっておいてから、会社に金品を要求し、その金品をもらえれば総会において一般株主の発言を抑えて会社のために総会議事進行に協力し、もらえなければ、議事進行を妨害し、議場を混乱させるなどする者を「総会屋」といいます。

　しかし、株主総会が総会屋によって意思決定をさせられたり、混乱させられたりすれば総会の機能を果たせなくなります。そこで会社法は、このような総会屋への対策として、いろいろな規定を設けています。

◉一番効果的な総会屋対策は？

　具体的には、会社は誰に対しても株主の権利行使に関し財産上の利益を与えてはならないとされています。会社が特定の株主に無償で利益を供与したときは、株主の権利行使に関して財産上の利益を与えたと推定されます。これに反して利益を受けた者は、会社にそれを返還しなければなりません。

◆会社法は、総会屋対策としていろいろな規程を定める◆

利益を与えたことに関与した取締役や執行役も、その価額を会社に返還しなければならず、この取締役等の義務は総株主の同意がなければ免除することができない厳しい義務とされています（120条）。

刑事罰もあります。このような利益供与が会社やその子会社の財産でなされた場合、利益を与えた者には3年以下の懲役または300万円以下の罰金が科されます。利益供与を受けた者も同様です。それだけでなく、株主の権利行使に関して利益を要求しただけでも、同様の刑罰が科されます（970条）。

他にも、株式の譲渡に会社の承認を必要としたり、定款で議決権行使の代理人資格を株主に限ったり、1人の株主が複数の代理人を総会に出席させることを制限（310条5項）することも、総会屋対策となります。

しかし、もっとも根本的な対策は、このような違法行為によって総会を乗り切ろうとする経営陣らの発想を一掃すること、すなわち、コンプライアンス体制の確立とその維持です。透明で、批判と検証可能なコーポレートガバナンスを確立し、それを維持することなのです。

43 取締役の役割、資格、人数、任期、選任・解任

株式譲渡制限会社では取締役の資格を株主に制限できる

●取締役の役割

　取締役は、①取締役会を置かない会社では、会社を代表し、株主総会決議事項以外の業務執行についての意思を決定します。取締役が複数いる場合は、その過半数で業務執行の意思決定を行い、代表取締役を定めたときは、代表取締役のみが会社を代表します（348条、349条）。②取締役会設置会社では、取締役会のメンバーとして、取締役会での意思決定に参加します。重要財産の処分、多額の借財、内部統制システム等、一定の重要事項の決定は取締役会がしなければなりません（362条）。

●取締役の資格

　人材獲得のためには取締役の資格を株主に制限するのは不適切です。しかし、会社法は、株式譲渡制限会社では、定款で、取締役を株主に限定できるとしています（331条2項）。閉鎖的な会社だからです。

　法人は取締役になれません。会社法や金融商品取引法、また破産法、民事再生法等の倒産法で刑に処せられ執行終了後2年経過等していない者、その他の罪でも禁固以上の刑に処せられ執行終了等していない者も取締役になれません（331条）。なお、破産宣告を受けた人でも取締役になれます。

●成年被後見人も取締役を続けられる

　令和元年改正会社法は、成年被後見人（判断能力がないため家庭裁判所の審判で後見人がついている人）、及び被保佐人（成年被後見人ほどではないけれども判断能力を著しく欠くため家庭裁判所の審判で保佐人がついている人）でも取締役になれるとしました。取締役であっても老齢等で判断能力が劣ってきた人にも後見人等を付して個人財産を守る必要があるため、取締役（及び監査役）の欠格事由から、成年被後見人、被保佐人を削除したのです（331条1項、335条1項）。

●取締役の人数

　取締役の人数は、取締役会を設置しない会社では1人でも複数でもかまいませんが、取締役会を設置する会社では3人以上必要です（331条5項）。

◆取締役を解任するときの注意点◆

その取締役は、任期中の報酬相当額等の損害賠償を請求できる ← 正当な理由なく解任した場合はどうなる？ ← 株主総会の普通決議で解任可能 ← 取締役の解任方法は？

●取締役の任期

　取締役の任期は、①原則として就任後２年（就任後２年以内に訪れる決算期の最終分についての定時株主総会終結のときまで）で、②株式譲渡制限会社では、定款で10年以内の範囲で伸長でき、③指名委員会等設置会社の取締役は１年、④監査等委員会設置会社では、監査等委員会のメンバーである取締役は２年、その他の取締役は１年です（332条）。

　区別の理由は、株式譲渡制限会社は、閉鎖的で同じ者が長年取締役を続ける実態があり、委員会を設置する会社は、大規模な会社が多く株主のチェックを頻繁に受けさせるべきで、監査等委員会のメンバーたる取締役は、他の取締役に比べ独立性を確保する必要があるからです。

●取締役の選任・解任

　取締役の選任は、株主総会の普通決議、すなわち、議決権を行使できる株主の議決権の過半数が出席し（定足数）、出席した株主の議決権の過半数（決議要件）で決議されます。定款で、定足数は３分の１まで下げられ、決議要件はより厳格にできます（329条、341条）。種類株主総会も同様です（347条）。

　取締役の解任も、原則として、選任と同じ定足数、決議要件で可能です（339条、341条、347条）。監査等委員である取締役の解任には、議決権の過半数を有する株主が出席し、出席株主の議決権の３分の２以上の多数が必要です。

　取締役等を正当理由なく解任した場合、その取締役は任期中の報酬相当額等の損害賠償を請求できます（339条）。任期のある代表取締役を取締役会決議で正当理由なく代表から解職した場合も損害賠償が生じ得ます（339条類推）。

44 取締役、執行役の競業の制限、利益相反取引の制限

会社に忠実義務を負う取締役、執行役に対する規制

◉競業の制限

　取締役は、代表取締役か否かにかかわらず、業務執行の意思決定をするなど、会社の中枢の役割を果たし企業秘密にも通じています。執行役も、代表執行役か否かにかかわらず、業務執行や意思決定を行います。そういう取締役や執行役が、会社と同じ事業（営業）を自らできるとすれば、会社の取引先を奪うなど会社に不当な損害を与えるおそれがあります。それは取締役や執行役の会社に対する忠実義務（355条、419条）に反します。

　そこで、取締役や執行役が会社と同様の事業を自ら行おうとするときは、その取引に関する重要事項を示したうえで、取締役会（取締役会を設置しない会社では株主総会）の承認を受けなければなりません（356条1項1号、365条1項、419条2項）。この承認を得ずに競業取引をした場合は、それによって取締役らの得た利益が会社の損害額と推定されてしまいます（423条2項）。

　ただし、100％親会社や100％子会社との競業は、不当な損害が生じるおそれがあるとまではいえないので、取締役会等の承認は不要と解されています。

◉競業制限の範囲

　競業取引の制限対象となる取引は、「会社の営業と同種または類似の商品、役務を対象とする取引で会社と競争を生じるもの」と広く解されています。会社が現に行っている事業だけでなく、準備中のもの、一時休止中のものも含みます。場所も、会社は関東、取締役は関西と異なったとしても、その地域への会社事業の発展可能性が具体的にあれば、制限の対象となり得ます。

◉利益相反取引の制限

　取締役や執行役が、自分の会社と取引する場合を考えてみましょう。まず、代表取締役や代表執行役の場合は、一方で会社を代表し、他方で自分自身のためにも契約をすることになります。これでは会社財産を不当に安く手に入れることが容易にできます。代表権のない取締役や執行役でも、代表者と容易に結託できるので、同様のおそれがあります。さらに、自分自身が会社の

◆会社と同様の取引を取締役がするときは……◆

承認を受けずに取引を行った場合は、その取締役の責任が追及されることもある

甲株式会社

甲株式会社ではなく私と直接取引を！

甲株式会社の取締役会の承認が必要

取締役

取引先

取引の相手でなくても、たとえば、取締役や執行役がお金を借りるときに会社を保証人にすれば、やはり会社が損害を受けるおそれが強いといえます。

　そこで会社法は、取締役や執行役が、自ら会社と取引をしたり、会社を自らの債務の保証人とするなどの利益相反取引をするときは、その取引に関する重要事項を示したうえで、取締役会（取締役会を設置しない会社では株主総会）の承認を受けねばならないとしています（356条1項2号、3号、365条、419条2項）。利益相反取引によって会社に損害が生じたときは、取締役らには任務違反があったと推定されてしまいます（423条3項）。

●承認を受けずに会社を保証人にすると…

　では、その承認を受けずに取締役が会社を自分の保証人にしたとき、保証契約の効果はどうなるのでしょう？　この場合、会社と保証契約をした相手方が、会社を保証人にすることに取締役会等の承認を得ていないことを知っていたときは保証契約は無効で、知らなかったときは有効とするのが判例です。

　この考え方を「相対的無効説」といいます。たんに会社の利益だけでなく、取引の相手方の利益も考えなければならないからです。

45 取締役の報酬、賞与、退職金についての定め

お手盛りによる過大な報酬決定を防ぐために

◉お手盛りのおそれ

　従業員の給料は、給与体系ができていることが多く、同業他社との比較からも一般的な水準がある程度わかります。しかし、取締役の報酬は、必ずしもそのような比較はできません。何より業務執行に関する意思決定をするのが取締役（会）自身ですから、自ら自己の報酬を決めてよいとすると、お手盛りをして過大な報酬額を定め会社に損害を与えるおそれがあります。

◉定款または株主総会決議で決める

　そこで、会社法は、取締役の「報酬、賞与、その他の職務執行の対価として株式会社から受ける財産上の利益」は、定款で定めるか、または、株主総会（普通決議）で決議するとし、額が確定していればその額を、業績連動などで確定していなければ算定方法等を株主総会で決議しなければならないとしています（361条1項）。

　しかし、指名委員会等設置会社（404条3項）を徐き、個人別の報酬を株主総会等で定めることまでは要求されていません。取締役全員の報酬総額が決議されればよいのです。

　そのため個別取締役の報酬額は、取締役会や代表取締役が定めている実態があり、適正さがわかりにくいという批判がありました。そこで令和元年改正会社法は、監査役会設置会社たる上場会社、及び監査等委員会設置会社では、定款や株主総会で取締役の個人別報酬が定められていなければ、取締役会で「決定方針」を定めなければならないとしました（361条7項）。

◉株式報酬

　会社の株式を報酬とすれば、業績向上、不祥事による株式価値毀損防止のインセンティヴ（動機）になり得ます。しかし、会社が株式を発行するのにその対価が会社に払われなければ、株式に見合う会社財産があるかがはっきりしません。他方、取締役は業務執行で対価を払っているともいえます。

　そこで令和元年改正会社法は、上場会社が取締役の報酬として株式を交付する場合でも、取締役から対価たる金銭払込みを受ける必要はないとし（202

◆取締役の報酬◆

取締役の
報酬・賞与・
退職金

定款または株主総会（普通決議）により、
- 額が確定していればその額を
- 額が確定していなければ具体的な算定方法を
- 金銭でないものは具体的な内容を
　　　　　　　　　決めなければならない。

※指名委員会等設置会社を除き、個人別の報酬を定めることまでは要求されていない。ただし、個別報酬決定方針を取締役会で決めなければならない。

条の2）、株式を取締役報酬に充てられる点をはっきりさせました。

◉退職慰労金はどうなる？

　取締役の退職慰労金は、在職中の職務執行の対価の面と功労に報いる面の両方があります。これを取締役会で定めるとすれば、現役取締役が退職のときのことを考え、あるいは退職取締役の影響を受け、不当に高額にするおそれがあります。そこで、退職慰労金も、株主総会等で決める必要があります（361条）。

　しかし、退職取締役が1人の場合、総額を株主総会決議で定めなければならないとすると個人の退職慰労金額が開示されたことになります。それには抵抗感があるので、支給基準を株主が推定し得る状況を前提とし、具体的な金額等はその基準に従って取締役会が決定するという株主総会決議で足りるとするのが判例です。

◉取締役の賞与

　賞与（ボーナス）は、利益があるときにその分配として支給されるものですが、やはりお手盛り防止のため、株主総会の決議が要求されます（361条）。

◉減額

　いったん具体的な取締役の個人報酬額等が定められた場合は、それが取締役と会社の委任契約の内容となるので、その後の減額は、当該取締役の同意がない限りできないとするのが判例です。

第3章 株式会社──［第3節］組織と運営

46 取締役等の第三者に対する責任

◉第三者に対する責任

　取締役、会計参与、監査役、執行役、または会計監査人（以下「取締役等」）は、任務を怠ったことで会社に損害を発生させた場合は、会社に対して損害賠償責任を負います（423条）。それだけでなく、会社以外の第三者に対して、取締役等が責任を負う場合も明文で規定されているのです。

　すなわち、取締役等が、故意（＝悪意：結果を認識しながら行ったこと）、または、重大な過失（ほんの少しでも注意すれば防げたのにその注意も払わなかったこと）によって、会社以外の第三者に損害を生じさせた場合は、取締役等に損害賠償責任が発生します（取締役等の第三者に対する責任：429条）。

　たとえば、支払いの見込みがないままに約束手形を振り出して不渡りにしたとか、取締役会が実際は開かれず、代表取締役にすべて任せっきりにしていたら、会社が返済不能の巨額借財を背負い債権者が損害を受けた等の場合です。

◉法人格否認の法理の代替

　この取締役等の第三者に対する責任は、法人格否認の法理の代替の役割を担っているといわれます。なぜでしょう？

　法人格否認の法理とは、たとえば、実際は個人営業なのに、形式的に取引主体を会社にすることで株主有限責任制度を利用し、会社債権者の個人財産への取立てを免れるような場合には、法人格が濫用されているとして会社の法人格を否定する考えです。これによって、直接、個人責任を追及できるわけです。

　しかし、この考えは、権利の濫用という一般条項に根拠を求めるため、どんな場合に認められるか判断が大変難しいのです。考え方自体は認められても、実際の裁判で認められることはほとんどありません。設立登記されている会社が、実は存在しないと証明することは容易ではないのです。

　これに対し、取締役等の第三者に対する責任は、その要件や効果が明定さ

◆形式的に就任した取締役でも……◆

れています。そして中小零細企業では取締役イコール株主であることが多いため、取締役に対するこの責任の追及は、あたかも株主に対する責任追及と同様の効果をもたらします。実際、第三者に対する責任を追及する訴訟は多数提起されており、あたかも法人格否認の法理の代替の様相を呈しています。

●名目的取締役等の責任

　株主総会で取締役に選任されて登記もされているものの、それは対外的な重みを会社につける目的で形式的に重鎮に就任をお願いしただけとか、人数あわせのための就任で、実際は取締役の任務をまったくしていない者（名目的取締役）も、第三者に対する責任を負うのでしょうか。

　これについては、責任を負う場合を認めるのが判例です。法が取締役に期待した役割の重大性からすれば、名前を貸しただけだからといって常に責任を負わなくてよいとされるべきではないからです。

　さらに判例は、株主総会による取締役選任決議を得ておらず、たんに取締役と登記されているだけの者（登記簿上の取締役）についても、この責任を負う場合があるとしています。また、総会決議もなく登記もされていないが、事実上取締役として会社を左右している者（事実上の取締役）にも、この責任を認めた判例があります。取締役の責任は重いというわけです。

47 代表取締役、代表執行役の専断

取締役会等の決議を経ないでした代表取締役、代表執行役の行為の効力

◉一定の重要事項についての意思決定の方法

代表取締役や代表執行役は、業務執行にあたるとともに、対外的に会社を代表します。その場合、株主総会及び取締役会で決議された事項をそのまま執行するのと併せて、取締役会によって任せられた範囲内においては、自ら意思決定をしてそれを実行します。

ところが、一定の重要事項は代表取締役に決定を委ねることができず、必ず株主総会や取締役会で決めなければなりません。たとえば、重要な事業の譲渡（株主総会決議を要する：467条）や、重要な財産の処分、多額の借入れ、支配人その他重要な使用人の選任・解任（取締役会決議を要する：362条）などです。代表執行役も、重要な事業の譲渡等、一定の重要な対外的行為については自ら決定することはできません（416条4項）。

◉専断でなされた重要な財産の売却の効力は？

それにもかかわらず、たとえば、取締役会の決議を経ることなく代表取締役が勝手に会社の重要な財産を売却したときは、その取引の効力はどうなるのでしょうか。

この点については明文の規定がなく、いろいろな考えが主張されています。判例は、原則として取引は有効であって、例外としてその売却の相手方が取締役会の決議を経ていないことを知っていたか、または注意すれば知ることができた場合にのみ、取引は無効としています。そのような例外的な場合は、取引の相手方にも責められるべき理由があるので、会社は、代表取締役が勝手にやった重要財産の売却などの効果を否定できるのです。

◉専断で行った事業の譲渡は？

それでは、必要な株主総会決議を経ずに代表取締役や代表執行役が勝手に会社の重要な事業を譲渡した場合はどうなるでしょう？

この場合は取締役会決議事項とは異なって、会社法が株主総会決議を要求しています。だから、代表取締役のそのような行為は当然に無効、とするのが判例です。重要な事業譲渡は会社の運命に関わる重要事項だからこそ、会

◆ワンマン経営者は要注意◆

甲株式会社の代表取締役乙は、取締役会決議を経ずに丙から多額の借入れ

その効果は？

原則 ➡ 有効

例外 ➡ 無効（会社との間の金銭消費貸借は成立しない）
丙が取締役会決議を経ていないことを知っていたか、または、注意すれば知ることができた場合

社の所有者である株主の承諾（総会決議）を法が要求しているので、この場面では、取引の安全よりも会社の利益を守るのが妥当だからです。

48 表見代表取締役、表見代表執行役

代表権がない者の行為の効果が会社に及ぶとき

◉取引の相手方の信頼を保護するために

　代表取締役ではない取締役には、会社を代表する権限はありません。指名委員会等設置会社では、代表取締役は置かれず、その代わりに代表執行役が置かれるところ、代表執行役ではない取締役や執行役に会社を代表する権限はありません。

　したがって、たとえ「社長」「専務取締役」などの、あたかも会社を代表するかのような肩書の使用を許された取締役や執行役といえども、取締役会決議で代表取締役や代表執行役に選任されていない以上、その者のした取引行為などの効果が会社に及ぶことはないことになります。

　しかし、そのような名称を使っている人については、取引の相手方が、つい代表権があると思ってしまうのも無理はありません。

　そこで会社法は、取引の相手方の信頼を保護するため、会社が社長、副社長、そのほか、会社を代表するような名称の使用を取締役または執行役に許した場合で、それによってその者に代表権があると取引の相手方が信じたときには、その者のした行為の効果は直接会社に及ぶとしました（354条、421条）。社長、副社長のほかにも専務取締役、常務取締役、会長、頭取等がこの名称にあたると考えられます。そして、このように、本当は代表取締役や代表執行役ではないけれども、あたかも代表者のような名称の使用を会社から許された取締役や執行役のことを、表見代表取締役または表見代表執行役といいます。

◉取締役や執行役でない者に社長などの名称を使わせた場合はどうなる？

　会社法は、代表権こそないものの、少なくとも取締役や執行役ではある者に社長等の名称を会社が付した場合のみを規定しています。

　それでは、取締役や執行役ですらない者に、会社が社長等の名称を付して、その者が取引をした場合はどうなるでしょう？　この場合も取引の相手方の信頼を守るべき要請は同じです。そこで判例は、この場合も会社法の上記354条等を類推することで会社は責任を負うとしています。

◆肩書きの使用は慎重に◆

会社を代表するような名称の使用を会社が許して、相手方が代表権があると信じた場合、その行為の責任は会社に及ぶ

49 取締役会の権限、招集手続きと決議の方法

●取締役会の権限

　取締役会は、業務執行に関する意思を決定し、代表取締役等の行為を監督します（362条2項）。代表取締役の選任や解任（362条2項、3項）、重要な財産の処分や、多額の借財、内部統制システムの整備等は取締役会で決定しなければならず、代表取締役に委せることはできません（362条4項）。

　例外として、取締役が6人以上いる場合で、1人以上社外取締役がいれば、取締役会決議で3人以上の特別取締役を選任し、その多数決で、重要な財産の処分や多額の借財を決定できます（373条）。迅速な経営判断を可能にするためです。委員会を置く会社では、さらに広い業務執行に関する意思決定を、取締役会決議等によって、執行役（指名委員会等設置会社）や取締役（監査等委員会設置会社）に委任できます（416条4項、399条の13第5項）。

　なお、指名委員会等設置会社の取締役会は、委員会の委員や執行役の選任・解任（400条から403条）、執行役の役割分担等を定めること、執行役の監督、執行役が意思決定できる範囲の決定（416条）を行います。

●取締役会の招集手続き

　取締役であれば誰でも取締役会を招集できるのが原則です。ただし定款などで、ある取締役を招集権者と決められます（366条1項）。通常は「代表取締役が招集する」と定款で定められています。招集権者ではない取締役や監査役も、取締役会の招集を請求できます（366条2項、3項、383条）。

　取締役会を開くには、1週間前までに各取締役及び監査役に招集通知を発する必要があります。この期間は定款で、たとえば3日前などと短縮でき、さらに、取締役及び監査役全員の同意で招集手続き自体を省略できます（368条）。なお、取締役の一部への招集通知を欠いて行われた取締役会決議は、本来無効となるべきですが、通知の届かなかった取締役が出席したとしても決議結果に影響がないと認められる場合に限り有効とするのが判例です。

●株主も取締役会を招集できる

　さらに、指名委員会等設置会社でもなく、業務監査権を有する監査役もい

◆代理人は出席できない◆

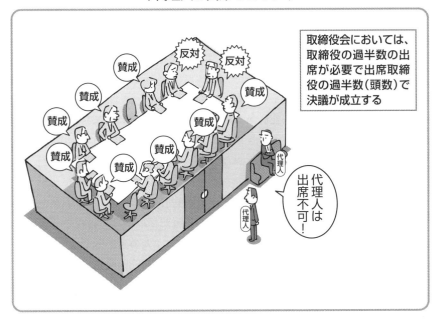

ない会社では、取締役が違法行為をする場合、株主が取締役会開催を招集権者に要求でき、2週間内に開かれなければ株主自ら取締役会を招集できます（367条）。監査役に代わる業務チェックが株主に期待されているわけです。

◉取締役会決議の方法

過半数の取締役が出席し、その出席取締役の過半数で決議がなされます（369条）。過半数は頭数（人数）で数えられ、株式数は関係ありません。取締役会は、株主総会と異なり、代理人を出席させて決議させることは認められません。代理人は株主から何らの信頼を得ていないからです。

◉現実開催が不要な場合

取締役会を開催せずとも決議ありとされる場合があります。取締役の全員が、書面またはeメール等で、ある提案に同意したときは、取締役会決議があったとみなすと定款で定められるのです（監査役が提案に異議を述べたときは除く：370条）。ただし、これは「提案」が前提ですから、3か月に1回以上開催されねばならない業務執行報告のための取締役会（363条）には適用されず、この取締役会は、現実に開催しなければなりません。

50 特別利害関係人

取締役会と株主総会では取扱いが異なる

●特別利害関係人についての規定

　取締役会決議に利害関係を有する取締役（特別利害関係取締役）は、その取締役会決議に加わることができません（369条2項）。決議に加わることができない以上、当該決議に関する限り、定足数の計算や可決要件を数えるときも、その取締役は存在しないものとして扱われます（369条1項）。

　たとえば、8人の取締役のうち1人が特別利害関係取締役とすると、その1人を除く7人の過半数である4人（特別利害関係取締役ではない4人）が出席することで取締役会が成立し（定足数）、その4人の過半数である3人（特別利害関係取締役ではない3人）が賛成することで、その決議が成立します。

　これに対し、株主総会決議に特別な利害関係を有する株主（特別利害関係株主）は、決議に参加することはできるけれども、それによって著しく不当な決議がなされたときのみ決議取消しの原因となります（831条1項3号）。

　なぜ両者で取扱いが異なるのでしょうか。

●取締役には忠実義務がある

　取締役は、会社に忠実でなければならないという義務を負っています（355条）。取締役の地位を利用し、会社の犠牲において自己の利益を図ってはならない義務です。ところが、たとえば取締役と会社の売買契約という利益相反取引について取締役会決議がなされる場合、当該取締役は、どうしてもこの忠実義務に違反して議決権を行使するおそれが強いといえます。そこでこれを防止するため、上記制限が置かれたのです。

●代表取締役の解任決議

　それでは、取締役会で代表取締役解任について決議される場合。当該代表取締役は議決権を行使できるでしょうか。この場合、一切の私心を断って会社のためにのみ議決権を行使することを期待するのは困難であることを理由に、特別利害関係取締役に当たり、議決権は行使できないとするのが判例です。

　これに対し、代表取締役選任決議の場合は、取締役であれば誰でも候補者

◆特別利害関係取締役は取締役会決議に参加できない◆

になり得ることなどから、候補取締役は特別利害関係取締役に当たらないと
解されています。

◉株主との違い

　他方、取締役と異なり、株主は、会社に対して取締役のような忠実義務を
負っていません。株主は、自己の利益のために会社に投資しているわけです
から、取締役の選任や配当等、自分の利益のために株主総会での議決権を行
使するのが当然です。特別な利害関係があるからといって、その者を決議か
ら排除する理由にはなりません。

　そこで、決議に参加すること自体は認めたうえで、これによって著しく不
当な決議がなされたときにのみ、当該決議を裁判によって取り消すことを可
能とするにとどめられたのです。

　株主が特別利害関係を有する株主総会決議とは、たとえば、株主に会社の
重要な事業を譲渡する場合とか、法人株主と当該会社が合併する場合などで
す。

会計参与

中小企業の決算の正確性を増進する。損害賠償責任も負担

●会計参与とは何か

会計参与は、貸借対照表や損益計算書など会社の計算書類を取締役や執行役と共同で作成し、また、計算書類等を保存して株主や債権者に閲覧させる会社の機関です（374条〜378条）。

株式会社であれば、規模やガバナンス体制にかかわらず、定款で定め、株主総会で選任することで会計参与を置けます（326条2項）。なお、特例有限会社では置けません（整備法17条）。会計参与の計算書類等保存期間は、定時株主総会の2週間前（取締役会を設置しない会社では1週間前）から5年間です（378条）。会計参与になれるのは、税理士、税理士法人、公認会計士、監査法人で、法人の場合は、会計参与の義務を行う個人を選定して会社に通知する必要があります（333条）。

●存在理由

会計参与は平成17年（2005年）成立の会社法で新設された機関です。新設の理由は、中小企業の決算が、真実性よりも税務申告のため、場合によっては銀行への融資依頼の体裁のよい説明資料にするために作成されることがあるので、その是正につなげるためです。決算書の真実性は、事業の状況把握につながるので、融資に際して保証人をできるだけとらない慣行にもつながります。

そこで、中小企業会計の透明さを確保するひとつの方法として、導入されたのが会計参与です。平成26年（2014年）度の中小企業庁による中小企業を対象とするアンケート調査によれば、会計参与を設置して自社で決算書を作成している割合は2.7%にとどまっています。

●取締役等と意見が一致しないとどうなる？

会計参与は、取締役や執行役と共同して計算書類を作成します(374条1項、6項)。計算書類を作成する機関であって、できたものを監査するのではない点で、監査役や会計監査人と異なります。「取締役や執行役と共同して作成する」という意味は、会計参与と取締役等の意見が一致しなければ貸借対

◆会計参与についての素朴な疑問と答え◆

会計参与を置ける会社は?

すべての株式会社で設置可能
（ただし特例有限会社を除く）

会計参与の役割は?

貸借対照表や損益計算書等を
取締役や執行役と共同で作成すること

会計参与と取締役の意見が一致しないとどうなる?

定時株主総会に計算書類承認のための議案を提出できなくなる

照表などの計算書類を完成させることができないという厳しい意味です。

　ですから、意見が一致しなければ、定時株主総会に完成した貸借対照表や損益計算書を提出できなくなります。会計参与に強いポジションが与えられているのです。また、意見が一致するしないにかかわらず、会計参与は会計参与報告を作成しなければならず、そのなかに取締役等と意見が違った点等が記載されます（374条1項、会社法施行規則102条）。

◉会計参与の任期

　任期は取締役と同じで、原則として、選任後2年（2年以内に訪れる決算期のうち、最終分についての定時株主総会終結のときまで）です。ただし、株式譲渡制限会社では、定款で、これを10年以内の範囲で伸長できます。指名委員会等設置会社、監査等委員会設置会社では任期は1年です（334条、332条）。

◉会計参与の責任

　任務を怠ったときは、会社に対して損害賠償責任を負い（423条）、株主代表訴訟の対象にもなります（847条）。会社以外の第三者に対しても、故意や重大な過失があったり、計算書類等に虚偽記載をしたときには、損害賠償責任を負います（429条）。

会計監査と業務監査の双方を行うのが原則

●監査役の職務

　監査役は、定款で定め、株主総会で選任することで設置できる機関です（326条、329条）。取締役（と会計参与）の職務を監督し、監督範囲は、会計監査と業務監査（業務執行の監督）を含むのが原則です（381条、389条）。指名委員会等設置会社、監査等委員会設置会社に監査役は置けません（327条4項）。

●株主によるチェック機能の増強

　監査役は、ガバナンスの適正確保のため、会社規模を問わず、会計監査と業務監査の両方を職務とするのが原則です。ただし、株式譲渡制限会社では、定款で、会計監査に限定できます（389条）。

　この限定を採用した会社では、株主のチェック機能が増強されており、株主は、裁判所の許可を得ずに取締役会の議事録の閲覧謄写請求ができ（371条2項、3項）、取締役が違法行為をしようとするときは取締役会を自ら招集できます。監査役を置かない会社でも同様です（2条9号、367条）。

●業務監査は妥当性監査を含むか

　業務監査といっても、そのなかに、取締役等の行為の妥当性監査まで含むかが議論されています。違法性のチェックが含まれるのは当然として、本来は取締役の責任で判断すべきとも思われる妥当性についてまで口を出すべきかです。この点は、肯定する考えもあり、認めると取締役の職務を不当に制限するおそれがあるから否定すべきという考えもあります。

●監査役の義務と権限

　会計監査に職務が限定された監査役を除いて、監査役は、次の義務と権限を有します（381条以下）。取締役会に出席し、必要な場合に意見を述べる義務（383条1項）、株主総会の議案を調査し、違法・不当があれば株主総会に報告する義務（384条）、取締役が違法な行為をしたなどの場合は取締役会を招集する権限（383条2項）、いつでも取締役、会計参与、従業員等に事業の報告を求め、業務、財産を調査する権限（381条2項）、子会社の業務等の調

◆監査役の義務と権限◆

取締役会に出席して意見を述べる義務	株主総会の議案を調査する義務
取締役が違法行為をしたときは取締役会を招集する権限	業務や財産の調査権
取締役の行為を差し止める権限	子会社の調査権

会計監査人選任解任議案の決定

取締役に対する代表訴訟等で会社を代表

査権限（381条3項）、取締役の違法行為で会社が著しい損害を受けるときは、それを差し止める権限（385条）、株主総会に提出される会計監査人の選任解任議案を決定する権限（344条）などです。

さらに、会社と取締役の裁判等では、取締役同士の馴れ合いを避けるため、代表取締役でなく監査役が会社を代表します（386条）。

●監査役の資格、報酬、任期、解任、責任

自己監査にならないように、監査役は、当該会社とその子会社の取締役や従業員を兼ねられません（335条）。報酬は株主総会で決められます（387条）。取締役報酬と一括で総額を決め、配分は取締役会に委ねることは許されず、監査役分が別に決められます。独立性をまっとうさせる趣旨です。同じ趣旨から、監査役の任期は4年と長期間です。株式譲渡制限会社では、定款で10年以内に任期を伸長できます（336条）。解任には株主総会特別決議が必要です（309条2項7号、343条4項）（取締役の解任は普通決議：341条）。会社に任務を怠って損害を与えたら賠償責任を負います（423条）。代表訴訟の対象にもなり（847条）、故意（＝悪意）または重過失があるときは、会社以外の第三者にも損害賠償責任を負います（429条）。

53 監査役会

●監査役会とは何か

監査役会は、定款で定めることで設置できる会社の機関で（326条2項）、監査役全員で構成され、①監査報告の作成、②常勤監査役の選任と解任、③監査の方針などを決定します。また、会社の業務執行機関からの会計監査人の独立性を強化するため、会計監査人の選任や解任議案は、取締役会ではなく、監査役または監査役会が決定します（344条）。

監査役会は、公開会社（すべてまたは一部の株式に株式譲渡制限をつけていない会社）で資本金が5億円以上等の大会社では、設置が義務づけられます（328条）。他方、指名委員会等設置会社には、監査委員会があるため監査役を置けませんから監査役会も置けません。監査等委員会設置会社も、監査等委員会があるため同様です（327条4項）。

監査役会を置く場合は、監査役が3人以上必要で、しかもその半数以上が社外監査役でなければなりません（335条3項）。

●監査役会を置く意義

本来、監査役さえいれば、わざわざ監査役会を設置しなくてもよいようにも思えます。しかし、大規模な会社では監査役の職務も複雑にならざるを得ません。そこで、監査役会を設けることで、役割分担をして組織的に監査を行うことを可能にするのです。また、監査役会という組織の存在によって、監査役のみの存在より取締役等に対するプレッシャーを強められます。半数以上の社外監査役による透明公正な監査も期待できます。

監査役会は、これらの効果によって大規模会社における適正妥当な監査の維持に貢献することを目的に設置されるものです。逆に言えば、小規模で株式上場も予定していない会社では、監査役会を置く実際上の必要性は乏しいということになるでしょう。

●監査役の独立性との関係

監査役会の決議は、監査役の過半数でなされます（393条1項）。他方、監査役の職務は、取締役と会計参与の職務執行の公正な監督ですから（381条

◆監査役会を置く意義◆

1 役割分担をして組織的に監査を行う

2 取締役等に対してプレッシャーをかける

3 半数以上は社外監査役なので透明、公正な監査を期待できる

以下）、その職務は、本来的には多数決になじみにくいものといえます。そこで会社法は、業務及び財産の調査の方法、その他の監査役の職務執行についての監査役会の決定は、監査役の権限の行使を妨げることができない、としています（390条2項）。

　したがって、監査役会の決議にかかわらず、各監査役は、独立の存在として、取締役が違法行為をするなどの場合は取締役会を招集したり（383条2項、3項）、いつでも取締役等に事業の報告を求めたり（381条2項）、取締役の行為の差止めをしたり（385条）することができるのです。ただし、会計監査人の選任解任議案の決定は監査役会決議でなされます（344条3項）。

54 会計監査人は会計のプロ

◉会計監査人とは何か

会計監査人は、監査役を置く会社であれば、規模や取締役会設置の有無にかかわらず、定款で定めることで設置できます。選任は、株主総会決議によります（326条2項、329条1項）。貸借対照表や損益計算書等の計算書類、及びその附属明細書等を監査し、会計監査報告書を作成することが職務です（396条）。なお、特例有限会社には会計監査人は置けません。会計監査人は、公認会計士または監査法人のみがなることができ（337条）、主として大規模な会社の会計監査を会社外部の会計のプロに行わせるための制度です。そのため、指名委員会等設置会社、監査等委員会設置会社、及び資本金5億円以上等の大会社では、会計監査人の設置が義務づけられています（327条、328条）。

会計監査人は、会社の機関ではなく、会社と委任契約をした会社外部の存在です。会計のプロによるチェック制度を小規模な会社から排除する特別な必要もないので、すべての会社で設置可能です。

◉監査役（監査役会）等とはどのような関係にある？

大規模な会社では、粉飾決算が行われ会計監査が機能しなければ社会的に大きな影響を与えます。また会計監査は、専門知識を要する複雑な職務です。

そこで、会計監査人設置会社においては、計算書類とその附属明細書について、会計監査人と、監査役（監査役会）・監査委員会・監査等委員会（以下「監査役等」）との、双方による監査を受けさせるものとしました（436条2項）。すなわち、会社が作成した計算書類を、まず会計のプロたる会計監査人が監査して会計監査報告書を作成し、それを監査役等に提出します。監査役等は、これが相当かどうか監査して監査報告書を作成します。

◉計算書類に株主総会の承認不要

このように、貸借対照表、損益計算書及びその附属明細書には、会計監査人と監査役等のダブルチェックがなされます。そこで、会計監査人を置いている会社が、このダブルチェックに加え、取締役会の承認も得た場合は、も

◆会計監査人は会計のプロ◆

私たちは会社の外部に
あって、プロとして、
会社の会計の適正さを
チェックします

会計監査人

（公認会計士または監査法人）

※会計監査人に対しても
　株主代表訴訟で責任を追及できる

はや計算書類について定時株主総会の承認を得る必要はありません（439条、438条2項）。

◉任期、報酬、責任

　会計監査人の任期は短く、選任後1年以内に訪れる最終の決算期についての定時株主総会の終結のときまでです（338条）。会計チェックという職務の信頼維持のため、株主による頻繁なチェックを受けさせるのです。

　会計監査人の報酬額を決めるには、監査役等の同意が必要です（399条）。報酬額の適正を確保するのみならず、会計監査人の会社からの独立性を強固にするためです。

　会計監査人は、株主代表訴訟の対象となります（847条）。会計監査人の職務の重要性に見合う責任をとらせるためです。会計監査人が任務を怠った場合は会社に損害賠償責任を負い（423条）、故意（＝悪意）や重過失があれば会社以外の第三者にも損害賠償責任を負います（429条1項）。会計監査報告書に虚偽記載をした場合にも、第三者に対して損害賠償責任を負います（429条2項4号）。

55 指名委員会等設置会社とはどのような会社か

◉指名委員会等設置会社とは何か

　指名委員会等設置会社は、監査役と代表取締役を置かず、指名委員会、監査委員会、報酬委員会という３つの委員会、執行役、及び取締役会を置く株式会社です。株式会社であれば、規模の大小、株式譲渡制限の有無にかかわらず、定款で定めて指名委員会等設置会社になれます（326条）。ただし、特例有限会社は指名委員会等設置会社になれません。

　指名委員会等設置会社は、平成14年（2002年）の商法特令法の改正で創設されたもので、大会社の不祥事が相次いだため、経営に透明さをもたせることを目的に、米国の制度と類似のシステムを導入できるようにしたものです。

◉特徴

　指名委員会等設置会社で業務執行を行うのは、代表取締役や専務取締役等の業務執行取締役ではなく、取締役会で選任される執行役です。会社を代表するのも、代表取締役ではなく、取締役会で選任される代表執行役です。代表取締役は存在しません。監査委員会、指名委員会、報酬委員会の３委員会を必ず設置しなければならず（２条12号）、これらの委員会のメンバーである委員は、取締役の中から取締役会で選任されます。

　各委員会の委員は３人以上必要で、その過半数は社外取締役でなければなりません（400条、２条15号）。判断の適正を図るためです。

　また、執行役や委員を選任する等の役割を果たす取締役会を必ず置かねばならず（327条１項）、他方、監査委員会があるので、これと重複する監査役（及び監査役会）は設置できません。また、監査委員会と協力して会計監査を行う会計監査人は、必ず置かねばなりません（327条５項）。

◉ガバナンスが目指すもの

　このガバナンスが目指すものは、会社支配から、代表取締役による自己監督の実体を排し、取締役会や委員会に執行役への強いモニタリング（監視）機能を与えることです。

　一般に、取締役や監査役の人事について株主総会への提案内容を実質的に

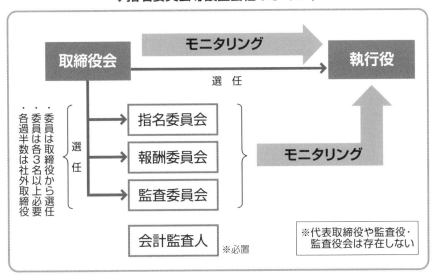

◆指名委員会等設置会社のしくみ◆

取締役会

モニタリング →

執行役

選　任

・委員は取締役から選任
・委員は各3名以上必要
・各過半数は社外取締役

選
任

指名委員会

報酬委員会

監査委員会

モニタリング

会計監査人　※必置

※代表取締役や監査役・
監査役会は存在しない

決めるのは代表取締役であることが多く、取締役会での多数派の頂点が代表取締役であるため、代表取締役によって役員候補者が事実上決められる傾向があります。そのため、代表取締役に意見することが事実上困難で、取締役会や監査役による代表取締役の監督は有名無実になりがちでした。代表取締役の自己監督に陥る危険があるわけです。

　そこで指名委員会等設置会社では、株主総会に提出する取締役の選任・解任の議案内容は、社外取締役が過半数を占める指名委員会が決定します。これを取締役会で否定したり修正したりすることはできません（404条1項）。

　そして、このようにして選ばれた取締役で構成される取締役会が、執行役や代表執行役、各委員会の委員という中枢人事の選任・解任を行います（400条から403条）。「社外取締役に人事を担わせる制度」。指名委員会等設置会社のガバナンスのエッセンスは、こう表現できるのです。

56 指名委員会等設置会社の取締役、取締役会の役割

●取締役

　指名委員会等設置会社の取締役は、取締役会のメンバーとして取締役会を構成します。そして取締役会決議によって、取締役のなかから各委員会の委員が選任され（400条2項）、同じく取締役会決議によって執行役、代表執行役が選任されます（402条2項、420条1項）。執行役は、取締役が兼ねることができ（402条6項）、代表執行役も、取締役が兼ねられます。

　取締役の任期は、監査役を置く会社における取締役の任期が原則2年であるのに対し、1年と短期です（332条6項）。理由は、指名委員会等設置会社では、貸借対照表や損益計算書の承認のみならず（439条）、定款に定めることで剰余金の分配等も取締役会決議のみで決定でき（460条、459条、454条）、執行役を監督する役割も取締役会が担っているので、株主による信任チェックを毎年受けさせるのが適切だからです。

　取締役は株主総会で選任されます。しかし、株主総会に提出される「取締役を誰にするか」についての議案を決定するのは、指名委員会です。取締役会ではありません。指名委員会以外の者が、この決定に異議を唱えることはできません。指名委員会に、指名委員会等設置会社のコーポレートガバナンスの根幹を担わせることにしています。

●取締役会の役割

　取締役会は、執行役を監督することと（416条1項2号）、業務に関する意思決定をすることが役割です。この役割には、執行役、代表執行役、各委員会の委員の選任・解任（400条〜403条、420条）や、執行役にどの範囲で業務の意思決定をする権限を委譲するかを決めることも含まれます。

　注意すべきは、監査役設置会社の取締役会と代表取締役の関係に比して、指名委員会等設置会社の取締役会は、より広範な意思決定を執行役に委ねられる点です。

　「執行役」という名前にかかわらず、執行役はたんなる執行機関ではなく、相当広い範囲で業務に関する意思決定をする機関なのです。

◆取締役・取締役会の特徴◆

指名委員会等設置会社の取締役

- 強い権限をもつため、任期は1年
- 取締役選任議案は指名委員会が決定する

指名委員会等設置会社の取締役会

- 役割は、執行役の監督と、業務に関する意思決定
- 取締役会は、広範な意思決定を執行役に委ねられる
- 取締役会は、取締役会が招集権者と指定した取締役か、各委員会が指定した委員が招集する
- 執行役が指定された取締役に招集請求することでも開催される

　必ず取締役会で定めるべき範囲は、執行役、代表執行役、委員の選任・解任、経営の基本方針の決定、内部統制システムの決定、執行役が複数いるときの指揮命令関係の決定（執行役が1人であれば、当然にその者が代表執行役となる：420条1項）、取締役会を招集する取締役の決定、重要な事業譲渡や合併等の契約内容の決定などです（416条）。それ以外の業務執行は、執行役の決定に委ねられます。新株、新株予約権の発行も執行役が決められるのです。

◉取締役会は誰が招集する？

　指名委員会等設置会社の取締役会は、取締役会によって招集権者と指定された取締役（416条4項8号、366条）か、各委員会が指定した委員（417条1項）が招集するか、または、執行役が取締役会で指定された取締役に招集を請求することで開催されます（417条2項）。代表取締役がいないので、代表取締役が取締役会を招集するのではありません。

57 指名委員会等設置会社の委員会（1）

◉委員会の種類と委員の構成

　指名委員会等設置会社には指名委員会、報酬委員会、監査委員会の３つの委員会を設置しなければなりません（２条12号）。各委員会は、委員３人以上で構成され、取締役会決議で取締役の中から選任されます。

　各委員会の委員の過半数は社外取締役でなければなりません（400条３項）。同じ取締役が複数の委員会の委員を兼ねることは可能です。また、監査役設置会社における監査役のような役割を担うのが監査委員会ですから、特に監査委員会の委員には、監査役と同様、自己監査にならないよう資格制限があり、その会社及び子会社の執行役や業務担当取締役、使用人等を兼ねられません（400条４項）。

◉指名委員会

　指名委員会は、株主総会に提出する取締役の選任・解任に関する議案の内容を決定します。会計参与がいる場合は、会計参与の選任・解任議案も指名委員会が決定します（404条１項）。指名委員会が決定したこの議案は、株主総会で可決されなければ効力を有しませんが、他方、取締役会や執行役が指名委員会の決めた議案を覆したり訂正して別の候補者を株主総会に提出することはできません。

　指名委員会等設置会社でも、取締役会のメンバーたる取締役が代表執行役を兼ねることができるため、取締役会と代表執行役の関係は、あたかも他の会社における取締役会と代表取締役の関係と同じように見えます。

　しかし、決定的な違いがあります。それは、指名委員会等設置会社の代表執行役には、代表取締役のような実質的な人事権がなく、指名委員会がそれをもっている点です。

◉報酬委員会

　報酬委員会は、執行役、取締役（及び、会計参与がいるときは会計参与。以下「執行役等」）の個人別の報酬内容を決定することがその役割です（404条３項）。報酬の面から執行役等を監督するとともに、報酬を社外取締役が

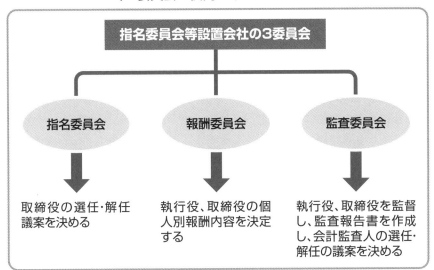

過半数の委員会に決めさせることで、決定過程や金額に透明性をもたせよう
としているのです。

　注意すべきは、報酬委員会は、最終的に「決定」してしまうのであって、
株主総会に提出する議案の内容を定めるのではないということです。指名委
員会等設置会社以外の会社では、取締役の報酬は株主総会で決めなければな
らず、しかも、全取締役の報酬総額を一括して決めるのが通常です。しかし、
指名委員会等設置会社では、株主総会決議なしに個人別報酬が決められます。

　個人別に決めるということの具体的内容は、①報酬額が決定しているので
あれば個人別の金額自体を、②会社の業績に応じて報酬も上がる場合のよう
に金額そのものは決められない場合は、個人別の具体的な算定方法を、③金
銭でないものを報酬として与えるときは、個人別のその具体的な内容を、そ
れぞれ決めるということです（409条）。

●監査委員会の機能

監査委員会の機能は、①執行役と取締役（会計参与を設置している会社では会計参与も含む）の職務執行を監督すること、②監査報告書を作成すること、③株主総会に提出する会計監査人の選任・解任についての議案内容の決定を行うことです（404条2項）。

執行役は、取締役会も選任・解任権限等を通じて監督するところ、過半数が社外取締役で構成される監査委員会にも執行役の監督権限をもたせ、問題が発見されればすぐに取締役会に報告する義務を課すことで（406条）、チェックの重層効果が期待されています。

監査範囲には、会計監査と業務監査を含みます。それでは、この業務監査権に、違法性監査のみならず、妥当性監査も含まれるのでしょうか。

監査役については争いがあるところですが、監査委員会は、妥当性監査もできます。理由は、取締役会による執行役への監督権が妥当性チェックまで含むことは当然なので、取締役で構成される監査委員会の権限も、当然にその範囲まで含むからです。

●監督手段

監督権行使の手段として、監査委員会が選定した監査委員は、いつでも執行役や使用人に報告を求める等の調査ができ、子会社の業務、財務の調査もできます（405条）。執行役等が違法行為をするときは、監査委員は、その行為の差止めも請求できます（407条）。また、会計監査人は、執行役や取締役の不正行為を発見したときは、すぐに監査委員会に報告しなければならず（397条）、このルートからも執行役等の不正行為の情報が監査委員会に報告されます。

●監査委員の資格要件

自己監査にならないよう委員の資格要件が法定されています。監査委員会の委員は、当該会社や子会社の執行役、会計参与、使用人等を兼ねられません（400条4項）。監査役にも同様の規制があるところです（335条）。

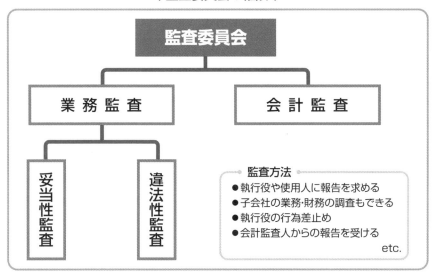

◆監査委員会の権限◆

監査委員会

業務監査　　　　　会計監査

妥当性監査　　違法性監査

監査方法
- 執行役や使用人に報告を求める
- 子会社の業務・財務の調査もできる
- 執行役の行為差止め
- 会計監査人からの報告を受ける

etc.

●監査委員会による会計監査人の選任・解任

　監査委員会は、株主総会に提出する会計監査人の選任・解任議案を決定します（404条2項2号）。取締役会等がこれを変更等することはできません。

　さらに、監査委員全員の同意で、会計監査人が職務義務に違反したときは、これを解任できます（340条）。株主総会を経ずに、ただちに解任できるのです。理由は、会計監査人が、会計のプロとして会計監査に重大な役割を担うため、適正な人材を維持することが経営の透明性維持のポイントだからです。

　なお、監査役設置会社の監査役、監査役会にも同様の権限が与えられています（340条）。

●各委員会の議事運営

　3つの委員会の招集権は、それぞれの委員会の各委員にあり、委員が、原則として1週間前までに招集通知を発して招集します（411条）。決議は、委員の頭数の過半数が出席し、出席委員の頭数の過半数でなされます。この決議には、特別利害関係のある委員は加われません（412条）。

◉執行役、代表執行役とはどのようなものか

執行役は、取締役会で選任され、取締役会から委ねられた範囲で業務執行の意思決定をするとともに、会社の業務を執行します（402条、418条）。指名委員会等設置会社は必ず執行役を1人以上置かねばなりません（402条1項）。執行役が1人の場合、その者が当然に会社を代表する代表執行役となり、複数の場合は、取締役会によって執行役のなかから代表執行役が選任されます（420条）。執行役が複数の場合は、執行役間の業務執行の分掌や指揮命令関係も取締役会によって決められます（416条1項）。

執行役は、取締役が兼ねることも（402条6項）、取締役ではない者や、まったく外部の者でもなれます。業務執行を任せられる人材であればよいのです。株式譲渡制限会社ではない指名委員会等設置会社では、定款によっても執行役が株主でなければならないとすることはできません（402条5項）。人材確保のためです。

執行役の任期は1年と短期間です（402条7項）。執行役の役割の重要性に鑑み、毎年、取締役会のチェックを重ねていくためです。しかも、任期途中でも取締役会はいつでも執行役を解任できます（403条）。これら選任解任権を通じた執行役の適切な監督が取締役会に期待されています。

代表執行役は、指名委員会等設置会社を代表します。指名委員会等設置会社以外の会社での代表取締役に相当する機関です。そのため指名委員会等設置会社に代表取締役はいません。

◉なぜ代表取締役ではないのか

それでは、なぜ代表取締役とは違う、（代表）執行役なるものがわざわざ設けられているのでしょう？　代表取締役も執行役も取締役会で選任されるなら同じようなものに思えます。理由は、モニタリングをする機関（取締役会）と、業務執行を行いモニタリングされる機関（執行役）をできるだけ分離するためです。できるだけ自己監督が起きない構造をつくるためです。

代表取締役は、取締役会のメンバーたる取締役が選任します。そのため監

◆自己監督が起きないような構造になっている◆

執行役とは?	取締役会から委ねられた範囲で業務の意思を決定し、また、会社の業務を実際に行う機関
代表執行役とは?	取締役会で選任され、会社を代表して対外的な行為を行ったり、会社の業務を行う機関

※代表執行役は執行役の互選で選任されるのではない

督機関と監督される機関が取締役という同質の関係にあります。しかも、取締役の選任権は実質的に取締役会多数派トップである代表取締役が握ることが多いのです。同質性があって人事も握っている者を、取締役会が監督するのは困難という構造がここに存在します。

　これに対し指名委員会等設置会社では、取締役が、代表執行役によって事実上選任されるわけではありません。取締役の人事は、過半数が社外取締役の指名委員会が握っているからです。人事の問題が存在しないのです。

　他方、執行役を、会社の業務をまったく知らない門外漢に任せることは難しいので、多くの会社では取締役から（代表）執行役が選任されます。制度上は同質性を断ち切ることができても、事実上は同質性が存在するわけです。ただし取締役人事は、指名委員会の権限で、こちらは動きません。

　指名委員会等設置会社のガバナンスを左右するエッセンスは、指名委員会の社外取締役がどれだけ機能するかです。

60 監査等委員会設置会社

◉平成26年（2014年）改正会社法までの統治システム

　平成26年（2014年）改正前は、上場会社等の大規模な会社では、①その大多数を占める監査役会設置会社と、②ごく少数の委員会設置会社の二種が存在していました。

　①では監査役会のメンバーとして社外監査役が必ず置かれるものの、監査役は会社の意思決定機関である取締役会のメンバーではないため、経営に社外の視点を反映することに限界があるといわれていました。取締役会に社外役員（社外取締役）を置く統治システムが普及することが重要という指摘があったのです。②は、過半数の社外取締役で構成される指名委員会が取締役を誰にするかについての株主総会提出議案を決定することなどに抵抗感が強く、あまり普及しませんでした。

◉監査等委員会設置会社の創設

　そこで平成26年（2014年）改正で、いわば①と②の中間的な統治制度である監査等委員会設置会社が設けられました（326条2項）。

　委員会は、監査等委員会だけで、指名委員会、報酬委員会はありません。監査等委員会のメンバーは、他の取締役より独立性の高い取締役で構成され、取締役ですから、取締役会での議決権も有します。それとともに監査等委員会として、監査役会と同じような監査業務を行います。また、監査等委員会は、指名委員会等設置会社における指名委員会や報酬委員会と似たような役割も果たします。監査等委員以外の取締役の選任や報酬について株主総会で意見を述べる権限があるのです。

　株式会社であれば、特例有限会社を除き、どのような規模であっても、定款で定めることで監査等委員会設置会社になれます。

◉監査等委員会設置会社のしくみ

　それではいったい監査等委員会設置会社とはどのようなしくみで、監査役会設置会社や指名委員会等設置会社とどのように違うのでしょうか。

　それは次のとおりです。

◆監査等委員会設置会社の概要◆

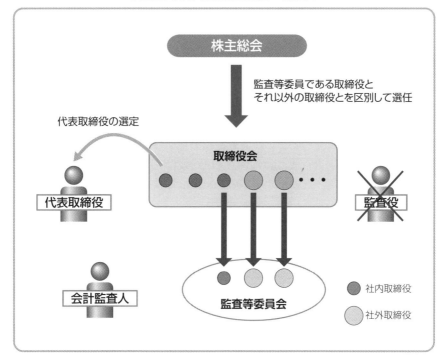

【監査等委員会のメンバー等】

- 監査等委員会のメンバーである監査等委員は取締役であり、監査等委員たる取締役は、3人以上。その過半数は社外取締役でなければならない（331条6項）。
- 監査等委員は、その会社若しくは子会社の業務執行取締役若しくは支配人その他の使用人等を兼ねてはならない（331条3項）。
- 監査等委員会設置会社の取締役の最低人数は4人（業務執行取締役＝代表取締役1人＋監査等委員会メンバー取締役3人）。
- 監査等委員である取締役の任期は2年（短縮不可）。それ以外の取締役の任期は1年（332条）。
- 監査役会設置会社では常勤監査役が必要であるのに対し、監査等委員会設置会社では、常勤の監査等委員を置く必要はない。
- 監査等委員会が設置されれば、監査役は不要なので監査役を置くこと

はできない（327条4項）。

【取締役会等】

- 取締役会は、監査等委員会とは別に置かれ、監査役会設置会社の取締役会と同様の役割を担う。代表取締役も、監査役会設置会社の代表取締役と同様の役割を担う。
- 取締役会は、監査等委員会のメンバーたる取締役とその他の取締役で構成される。取締役会は、業務執行や内部統制に関する事項を決定し、取締役の職務執行の監督、代表取締役の選任解任を行う。
- 定款で定めた場合、または取締役の過半数が社外取締役である場合には、取締役会は一定の重要事項の決定を取締役に委ねられる（399条の13）。

【監査等委員会の職務等】

- 監査等委員会の職務は、取締役の職務執行の監査、監査報告の作成、株主総会に提出する会計監査人の選任、解任等に関する議案の内容の決定、監査等委員以外の取締役の選任、解任・辞任・報酬等についての監査等委員会としての意見の決定（399条の2）。なお、この意見について、監査等委員会が定めた監査等委員は、株主総会で陳述する権利を有する（361条6項）。
- 監査等委員会としてこれらの職務を行うので、監査役会設置会社で各監査役個人が監査権限を有する独任機関であるのと異なり、監査等委員個人は独任機関ではない。
- 監査等委員会は、取締役の職務執行について、違法性監査のみならず妥当性監査を行う権限も有する。監査等委員は取締役だから、当然にこの権限まで認められる。この点は、指名委員会等設置会社における監査委員会と同じ。
- 監査等委員会が、監査等委員ではない取締役と会社の利益相反取引を承認した場合は、取締役が任務を怠ったことが推定されなくなる（423条4項）。
- 監査等委員は、取締役の行為が法令、定款に違反し著しい損害が生じるおそれがある場合は、取締役の行為の差止めを請求できる（399条の6）。
- 監査等委員会が選定する監査等委員は、取締役会招集が可能。たとえ招集権者の定めがあっても取締役会を招集できる（399条の14）。

【監査等委員の選任・解任】

- 監査等委員たる取締役は、他の取締役に比して独立性が必要なので、株主総会において、他の取締役と区別して選任される（329条2項）。
- 監査等委員である取締役の選任議案を株主総会に提出するには、監査等委員会の同意が必要（344条の2）。
- 監査等委員である取締役を解任するための株主総会決議は、議決権の過半数を有する株主が出席し、出席株主の議決権の3分の2以上の多数が必要（344条3項、309条2項7号）。

【監査等委員の報酬】

- 監査等委員たる取締役の報酬は、独立性確保のため、定款または株主総会決議の範囲内で、監査等委員である取締役の協議により定める。取締役会や代表取締役が委任されて定めることはできない（361条3項）。また、株主総会や定款で報酬を定める際、監査等委員である取締役とそれ以外の取締役とを区別して定めなければならない（361条2項）。

【その他】

- 監査等委員会設置会社は、会計監査人を置かなければならない（327条5項）。
- 指名委員会等設置会社に存在する執行役は置けない。

◉最良のコーポレートガバナンスを目指すには

　監査等委員会設置会社は、その統治形態を採る会社が増えることで、社外取締役を複数置く上場会社等が増えることを政策目的とした面があります。

　しかし、社外取締役が多くいれば違法経営が行われなくなるわけではありません。コーポレートガバナンスについて無比で最良のシステムというものは存在せず、どのような統治形態を採るにせよ、会社の工夫で磨き上げていくことが必要です。もっとも重要なことは、経営を任されたトップの認識なのです。

61 役員等の会社に対する損害賠償責任

過失責任が原則だが、無過失責任の場合もある

●役員と会社の関係

株式会社の役員等、すなわち、取締役、会計参与、監査役、執行役及び会計監査人は、会社に対し、その立場にいる人なら通常期待される注意義務（＝善管注意義務）を負います（330条、402条3項）。取締役と執行役は、会社と利益相反する立場に立ってはならないという忠実義務も負います（355条、419条2項）。

●役員の会社に対する責任についての一般規定

したがって、任務を怠ったことによって会社に損害を与えた場合は、役員等は、会社に損害賠償責任を負うことになります（423条1項）。この責任は、総株主の同意がなければ免除できず（424条）、例外として、不注意が重大でないときは、株主総会の特別決議等で責任の一部免除が認められます（425条〜427条）。これが役員の責任についての一般規定です。そのうえで会社法は、行為の態様に応じて、必要な個別規定を設けています。

●競業取引、利益相反取引による責任

取締役や執行役が、競業取引、すなわち、会社の事業の部類に属する取引を行うときは、取締役会（取締役会非設置会社では株主総会）の承認が必要で、これに違反した場合は、その取引で取締役等が得た利益の額が会社の損害と推定されます（423条2項）。

取締役等が、会社と利益相反取引をするときも、取締役会等の承認を経なければなりません。たとえば、会社が取締役に金銭を貸し付ける場合に、取締役会等の承認を経ずに行って会社に損害を生じさせたときは、当該取締役等は損害賠償責任を負います。のみならず、利益相反行為を承認した取締役等も任務を怠ったと推定されてしまい、怠っていなかったことを自ら立証しなければ損害賠償責任を負います（423条3項）。

また、取締役等が自分自身のために会社と利益相反行為をした場合は、任務を怠ったことに過失がなかったとしても損害賠償責任を免れません（428条）。

◆役員等の会社に対する損害賠償責任◆

> **取締役等は任務を怠って会社に損害を与えたら
> 損害賠償責任を負う**

- 競業取引
- 剰余金分配規制違反
- 利益相反取引
- 株主の権利行使に関して
  利益供与　　　　　　等

取締役等が自分のために
会社と利益相反取引を
した場合は無過失責任

◉剰余金分配規制に違反した場合

　当該剰余金分配を行った取締役等のみならず、株主総会や取締役会にその議案を提案した取締役等も、分配額の会社に対する支払義務を負わされます（462条）。取締役等は、注意を怠らなかったことを証明すればこの責任を免れるものの（462条2項）、株主全員の同意では免除できず、その同意があっても分配可能額を超えた金額については賠償責任を負います（462条3項）。

◉株主の権利行使に関し利益を与えた場合の責任

　会社は、誰に対しても株主の権利行使に関し財産上の利益を与えてはならず、会社が特定の株主に無償で利益を供与したときは、株主の権利行使に関して財産上の利益を与えたものと推定されます（120条1項、2項）。

　利益を与えたことに関与した取締役等は、その価額を会社に返還しなければならず、この取締役等の義務は、総株主の同意がなければ免除できません（120条5項）。

62 株主代表訴訟

◉株主が役員の責任を追及できる

　取締役や会計参与、監査役、執行役または会計監査人（以下「取締役等」）が、法令や定款に違反して会社に損害を与えた場合、会社に損害賠償責任を負います（423条）。しかし、業務執行や監督を自ら行う取締役等の責任を、会社が追及することはそれほど期待できません。そこで、株主が、会社に代わって取締役等の責任を追及する株主代表訴訟が認められています。

◉株主代表訴訟を起こせる株主

　6か月前から引き続き株式を有している株主であれば、株式数は1株でも株主代表訴訟を起こせます（847条1項）。ただし、単元株制度採用会社で、「単元未満株主は代表訴訟を提起できない」と定款で定めていれば、1単元未満株主は起こせません。また、株式譲渡制限会社では、株主が経営に関心をもつのが当然なので、6か月前からという制限がありません（847条2項）。

◉手続きはどうなっている？

　まず、会社に取締役等の責任を追及する訴えを起こすよう請求し（847条1項）、会社が請求から60日以内に訴えを起こさないときは、株主が原告になって、会社のために、取締役等を被告にして訴えを起こせます（847条3項）。訴状に貼る印紙代は、賠償請求金額がどんなに大きくても1万3,000円です。

　なお、株主や第三者の不正な利益を図ったり、会社に損害を与えることを目的に株主代表訴訟を起こすことはできません（847条）。

◉会社が和解するには

　会社自身が取締役等に訴訟を起こした場合、または株主代表訴訟で会社が訴訟に参加した場合、会社と取締役等が和解しようとするときがあります。このとき、会社が取締役等に遠慮して、不当に取締役等に有利な和解をする可能性があります。それを防ぐため令和元年改正会社法は、会社が和解するには各監査役の同意を得なければならないとしました。監査役が複数いれば個々の監査役の同意が必要です。同様に、監査等委員会設置会社では各監査等委員の、指名委員会等設置会社では各監査委員の同意が必要です（849条

の2）。

●重過失がなければ責任の一部免除可能

　このように取締役等の会社に対する損害賠償責任は、会社自身からも株主からも問われる厳しいものです。しかし他方で、この損害賠償責任を軽減する手続きも設けられています。軽過失の取締役等の賠償責任額は、次の2つのいずれかの手続きによって、一定額（代表取締役・代表執行役は6年分、業務担当取締役・執行役は4年分、社外取締役・業務を担当しない取締役・会計参与・監査役・会計監査人は2年分の報酬額）を超えた部分を会社は免除できます（425条、426条、309条）。手続きは、①株主総会の特別決議、または②定款に定めておけば取締役会決議です。ただし総株主の議決権の3％以上を有する株主が、会社が定める1か月以上の一定期間内に異議を出したときは、②では免除できません。しかし、②で異議が出されても、①の手続きでなら免除可能です。

●責任限定契約

　さらに会社は、定款で定めれば、社外取締役、業務執行を担当しない取締役、社外監査役、監査役、会計参与、会計監査人との間で、あらかじめ定めた額と上記報酬該当年数分とのいずれか高い額で会社に対する損害賠償責任を限定する契約（責任限定契約）を結ぶことができます（427条）。業務執行を担当しない取締役とは、営業担当取締役等ではなく、取締役会のメンバーとしての意思決定や監督のみを行う取締役です。

●経営判断の原則

　裁判所は、取締役の責任の有無について経営判断の原則で判断するといわれています。経営判断の原則の内容が一律に決まっているわけではありませんが、概して、⑦判断の前提となった情報の収集や認識に不注意がなかったか、①その情報を前提とした判断や意思決定が企業経営者として著しく不適切ではなかったか、という基準で判断されます。⑦は通常の注意義務が課されるけれども、①は、きちんとした情報を前提に敢えてリスクをとる判断はあり得るので、よほど不適切な場合でない限り責任を問われないというわけです。

63 多重代表訴訟

◉平成26年（2014年）改正で導入

平成26年（2014年）改正まで、親会社といえども子会社とは法人格が異なる以上、親会社の株主が、子会社の取締役等に対して提起することはできませんでした。

そのため、子会社に損害が生じ、それが親会社の損害となった場合でも、親会社株主は、子会社の取締役等の行為に積極的に関与したとか子会社の取締役の行為を放置したことを理由に、子会社取締役等ではなく親会社取締役等に対して、株主代表訴訟を起こすしかありませんでした。しかし、これは親会社取締役等の監督責任を問うものですから、立証の難易度は高く、親会社株主の利益を守ることは困難でした。

しかし、特に親会社が子会社の100%株式を有している場合、子会社の損害は、すなわち親会社の損害と言い得るので、親会社の株主は、もっと容易に当該損害を生じさせた直接の責任者、すなわち子会社の取締役等に対して責任を追及する訴訟ができてしかるべきです。

◉多重代表訴訟

そこで平成26年（2014年）改正で、完全親会社（子会社Bの株式100％を所有している株式会社A）の100分の1以上の議決権等を有する株主は、子会社Bの取締役等の責任を追及する訴訟を提起するように、子会社Bに対して請求でき、請求の日から60日以内に訴訟が提起されない場合は、株主自ら、訴訟（株主代表訴訟）を提起できるようになりました（847条の3）。これを多重代表訴訟と呼んでいます。多層関係の会社を前提とする代表訴訟なのでこう呼ばれます。

多重代表訴訟は、大企業でも中小企業でも可能です。完全親会社Aが公開会社（すべてまたは一部の株式に株式譲渡制限をつけていない会社）の場合は、株主は6か月前から引き続き100分の1以上の議決権等を有していることが必要で、完全親会社が株式譲渡制限会社（すべての株式に譲渡制限をつけている会社）の場合は、この6か月という期間制限はありません（847条

◆多重代表訴訟のしくみ◆

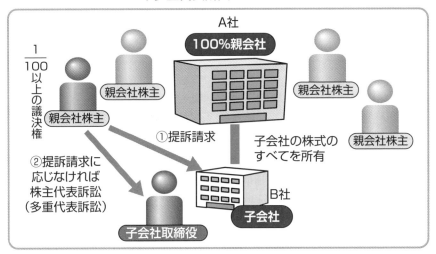

の3第6項)。

　ただし、ある程度重要な子会社でなければ、親会社株主に責任を追及させる意味があまりないので、親会社の帳簿上、その子会社株式の評価が資産の5分の1を超える場合のみ、多重代表訴訟は提起できます(847条の3第4項、5項)。また、親会社に損害がなければ、親会社株主に代表訴訟を認める必要がないので、多重代表訴訟は提起できません（847条の3第1項2号）。

　完全親子会社の関係は、子会社取締役等の責任を生じさせる行為がなされたその時点から存在していなければなりません。また、完全親会社Aに、さらにその100％株式をもつ親会社(完全親会社の完全親会社)Cがいる場合は、CではなくCの株主が多重代表訴訟を提起できます（847条の3第2項）。

●影響

　多重代表訴訟は、100％子会社の取締役等の責任を親会社の株主が追及するものです。当該取締役等は、取締役というよりも親会社のいわば業務部長にすぎない場合も多いと考えられます。従業員にすぎない者に株主代表訴訟が提起されることがあるわけです。多重代表訴訟は、親会社株主の保護として適切な面がある一方で、このような面も併せもつ制度です。

　そこで子会社取締役等となる者が萎縮しない配慮も必要で、100％子会社に敢えてせず、一定数の少数株主を存在させる工夫も検討されると思われます。

補償契約、D&O保険契約

◉会社が取締役らの弁護士費用等を補償

　取締役や監査役等の役員が、職務執行に関して会社に損害を与え株主代表訴訟等で責任を問われたときの弁護士費用等（以下「防御費用」）や、会社以外の第三者から損害賠償請求を受けた場合の損害賠償金を、会社が当該取締役らに支払う契約（以下「補償契約」）を、会社と取締役らが締結しておくことが行われています。

　なお、取締役らの会社自身に対する損害賠償責任を、会社が取締役らに補償するのではその損害賠償請求に意味がなくなりますから、ここでいう補償契約の対象は、防御費用と取締役らの第三者に対する損害賠償金です。

◉利益相反の調整

　補償契約は、取締役らの人材確保や取締役がリスクを取って職務を執行することを容易にするメリットがあります。他方で、会社に損害を与えたと疑われて生じる取締役らの防御費用等を会社が負担してあげる契約ですから、会社と取締役らの利益が相反している面があります。そのため令和元年改正会社法は、補償契約を締結する手続き、補償できる範囲についての規定を新設しました。

　すなわち、補償契約を締結するためには、取締役会決議（取締役会非設置会社では株主総会決議）によらなければならず（430条の2第1項）、会社が補償できる取締役の防御費用は通常必要となる金額の範囲に限られ、役員等が故意又は重過失で第三者に損害を与えた場合は補償できません（430条の2第2項）。そして、この手続き・内容で締結された補償契約であれば、利益相反行為として効力が否定されることはなく、利益相反行為による取締役の損害賠償義務等も発生しないことを明確にしました（430条の2第6項、7項）。

　ただし、補償契約による補償を行った取締役（会社側）、及び補償を受けた取締役は、遅滞なくその補償について重要な事実を取締役会に報告しなければなりません（430条の2第4項）。

◆会社補償と利益相反◆

株主代表訴訟の取締役の弁護士費用を会社が補償する契約
⬇
会社と取締役の利益相反では？
⬇
通常の額以内で取締役会で決めた等の場合は利益相反にならない
⬇
D&O保険契約の掛金を会社が負担
⬇
会社と取締役の利益相反では？
⬇
取締役会決議があれば利益相反にならない

◉役員等賠償責任保険契約

　令和元年改正会社法は、役員等賠償責任保険契約についても取締役らと会社の利益相反を調整する規定を新設しました。

　役員等賠償責任保険契約は、会社が保険契約者となって掛け金を払い、取締役ら役員を被保険者とする保険契約で、取締役らが職務執行に関して損害賠償責任を負う場合に保険金でその損害賠償金が支払われる、という保険です（430条の3第1項）。既に広く普及しているいわゆるD&O保険（Directors & Officers保険）契約も、この役員等賠償責任保険契約に該当することが多いといえます。

◉利益相反の調整

　役員等賠償責任保険契約は、取締役らの人材確保や職務執行の萎縮防止に役立つ一方で、取締役らが会社に損害賠償責任を負う場合に備えて会社が掛け金を負担してあげるものですから、会社と取締役らの利益相反に当たるとも考えられます。

　そこで令和元年改正会社法は、役員等賠償責任保険契約の内容を決定するには取締役会決議（取締役会非設置会社では株主総会決議）が必要とし（430条の3第1項）、その決議を経ていれば、保険契約が利益相反取引として無効になることはなく、利益相反取引による取締役らの責任も発生しないことを明確にしました（430条の3第2項、3項）。

65 新株発行（1）

◉株式会社の資金調達方法

　株式会社の資金調達方法は、大別すると、①株式発行、②社債発行、③借入れ、の３種があります。①は返済しなくてもよいので自己資本に含まれ、②と③は他人に返済しなければならないので他人資本に含まれます。また、①と②を直接金融、③を間接金融と呼んでいます。①では、会社設立の際の株式発行と区別して、特に設立後の株式発行を新株発行といいます。

◉新株発行も３種類

　新株発行にも３種類あります。ⓐ株主割当て。これは、既存株主に、その持株数に応じて、新株を発行するものです。持株数に比例して発行されますから、会社支配力に影響を与えません。時価よりも低額で発行されるのが通常で、理由は、時価発行では株主が割当てに応じるインセンティヴに欠け、また時価より低額で発行しても株主平等原則に反しないからです。ⓑ第三者割当て。株主以外の特定の第三者に新株を発行するものです。ただし、株主に発行する場合でも、特定の株主だけに発行するなど、持株数に比例して発行するのでなければ第三者割当ての一種です。ⓒ募集。これには、広く株主となる者を募集する公募発行と、従業員や取引先等、特定範囲の者を対象とする縁故募集の２つがあります。

◉新株発行の手続きはどのように行う？

　新株発行の手続きは、株式譲渡制限会社とそうでない会社で異なります。

　株式譲渡制限会社では、発行の都度、株主総会の特別決議で決められます（199条２項、202条３項４号、309条２項５号）。ただし、株主総会の特別決議で、取締役会（取締役会を設置していない会社では取締役）にこの決定を委ねることもできます（200条１項、309条２項５号）。株主割当ての場合は、定款に定めることで、取締役会等に決定を委ねられます（202条３項）。

　株式譲渡制限会社ではない会社（公開会社）においては、株主割当ての場合か否かを問わず、原則として、取締役会決議で新株発行を決定できます（201条、202条３項３号）。なお、平成26年（2014年）改正で、公開会社でも、会

◆新株発行は3種類ある◆

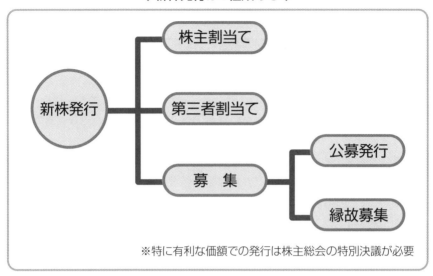

```
新株発行 ─┬─ 株主割当て
          ├─ 第三者割当て
          └─ 募　集 ─┬─ 公募発行
                      └─ 縁故募集
```

※特に有利な価額での発行は株主総会の特別決議が必要

社を支配する株主（過半数株式を有する株主）を変える新株発行に対しては、手続規制が加えられています（160ページ参照）。

◉特に有利な価額での発行と株主総会特別決議

　株主割当て以外の方法で、時価よりも特に有利な（安い）価額で新株発行がされた場合は、株価が下がることや、容易に支配力の割合が変わってしまうことで、既存株主に不利益を与えます。そこで、この場合は、株式譲渡制限会社か否かにかかわらず、払込み金額等について株主総会の特別決議を経なければなりません（199条から201条）。

◉特殊の新株発行

　以上は、株主となる者に新たな払込みをさせ、通常の方法で新株を発行する場合です。しかしそのほかにも、新たな払込みをさせずに新株を発行する場合があります。株式分割、株式交換、吸収分割、吸収合併等です。新たに払込みをさせるけれども手続きが特殊な場合として、新株予約権の行使による新株発行等があります。これらを総称して、「特殊の新株発行」と呼ぶことがあります。

◉新株発行と現物出資規制

　新株発行の場合も、金銭ではない財産で株式の対価を払い込むことがあります（現物出資）。この現物を実際より不当に高く評価していた場合は、株式に見合う財産が出資されないのに株式だけ予定どおり発行され、会社財産の充実を害します。そこで、その新株発行総数が発行済株式数の10％以下である場合や、価額総額が500万円以下の場合、価額が相当なことについて弁護士や公認会計士、税理士等の証明（不動産の場合は、同証明に加えて不動産鑑定士の鑑定）を受けた場合などを除いては、裁判所の選任する検査役の調査を受けなければなりません（207条）。

◉現物出資規制とデット・エクイティ・スワップ

　会社法は、新株発行における現物出資の目的財産が、その会社に対する弁済期の到来した金銭債権で、債権の評価額が、債務者である会社の帳簿価額を超えない場合は、検査役の調査は不要としています（207条9項5号）。ＤＥＳ（Debt Equity Swap：デット・エクイティ・スワップ＝債務と株式の交換）を行う場合、検査役の調査は不要なのです。

　ＤＥＳは、企業の再建を図る手法ですが、債務免除とは異なります。これは、債務と株式を交換すること、すなわち、債権を現物出資して株式を取得することです。会社の債務を圧縮するとともに、再建に成功したときには、配当や上場によって実質的な債権回収やキャピタルゲインを得ようとする手法です。

◉違法または著しく不公正な新株発行

　敵対的買収者や反対派株主の支配力を弱めるために、現経営陣が市場価額より特に有利な（安い）価額で大量の新株発行ができるとすれば、会社支配の公正が損なわれます。そこでこのような場合は、株式譲渡制限会社であるか否かにかかわらず、株主総会の特別決議が必要とされます。決議無しにされた新株発行は違法です。

　また、たとえ公正な価額による新株発行であっても、特定の者に大量の新

◆デット・エクイティ・スワップの効果◆

お金は返せませんが、代わりに株式を発行します

早く返済してください

検査役の調査も不要で簡単ですから

債権者

頑張ります

早く再建して、配当したり株価を上げてくださいね

株主

株発行がなされると既存株主の会社支配力が弱められます。会社が株主のものであることを考えれば、現経営陣の保身目的で、このような新株発行がされることは、著しく不公正な新株発行といえます。

◉**株主の権利を守るために**

　そこで、このような違法または著しく不公正な新株発行がなされ、株主が不利益を受けるおそれがある場合には、株主は新株発行の差止めを会社に請求できます（210条）。新株発行ではなく、会社が所持する自社株を第三者に譲渡する場合も、新株発行と実質が同じなので、同様です（199条、210条）。新株予約権の発行も、弊害が生じ得るので、同様です（247条）。

　このような場合、実際に新株や新株予約権の発行がなされてしまうと株主の権利の回復が困難になるので、発行が実施される前に仮処分手続きで差止めの請求を行うのが通常です。裁判所は、通常の訴訟に比べて短期間のうちに判断を行います。

67 支配株主を変更する新株発行と株主総会決議

公開会社でも新株発行に株主総会決議が必要とされる場合

●公開会社の新株発行

　公開会社（すべてまたは一部の株式に株式譲渡制限をつけていない会社）は、原則として、取締役会決議で、新株の発行を決めることができます。しかし、公開会社においても、取締役は株主から経営を任されているに過ぎないので、新株発行で会社の支配を変える＝過半数を超える株式を有する新たな株主を作り出すことが無制限に認められるべきではないといえます。一定の場合は、株主の同意が要求されるべきです。なお、株式譲渡制限会社では新株発行に株主総会決議が必要です。

　そこで、平成26年（2014年）改正によって、公開会社に次のルールが定められています。

　新株発行（自己株式処分を含む）によって、新たに議決権の2分の1を超えて株式を所有する者（以下「特定引受人」）が出現する場合、会社は、株式の代金支払期日の2週間前までに、既存株主に対して特定引受人の氏名等を通知するか、または公告しなければならない（206条の2第1項、2項）。その通知等から2週間以内に、総株主の議決権の10分の1以上の議決権を有する株主が反対を会社に通知した場合は、代金支払期日の前日までに株主総会普通決議による承認を受けなければならない（同条4項）とするものです。合併等の組織再編の場合と異なり、反対株主の株式買取請求権は認められていません。

　会社の公告の方法（939条）は、定款で定められて登記されています。ホームページに掲載する方法を採用している会社も多数あり、株主としては、この公告に注意しておく必要があります。

　なお、公開会社の新株予約権についても、上記同様のルールが設けられています（244条の2）。

●緊急性による例外

　他方、株主総会招集手続きには時間がかかりますから、株主総会決議を経ていては資金調達が間に合わず、事業が継続できなくなることもあります。

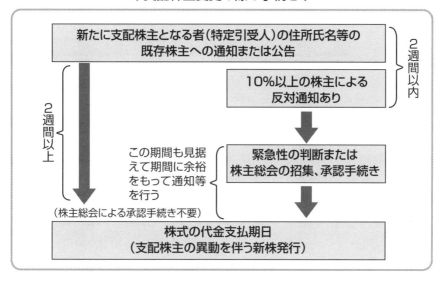

◆支配株主変更の際の手続き◆

新たに支配株主となる者（特定引受人）の住所氏名等の
既存株主への通知または公告

┐
2週間以内

10％以上の株主による
反対通知あり

緊急性の判断または
株主総会の招集、承認手続き

2週間以上

この期間も見据えて期間に余裕をもって通知等を行う

（株主総会による承認手続き不要）

株式の代金支払期日
（支配株主の異動を伴う新株発行）

そこで、会社の財産状況が著しく悪化していて、事業継続に緊急の必要があるときは、株主総会決議を経ずに支配株主の異動を伴う新株発行ができるとされています（206条の2第4項ただし書き、244条の2第5項ただし書き）。

しかし、そのような緊急状態であったことを立証する責任は会社側にあります。また緊急性の評価をめぐって紛争が長期化する恐れがあります。

したがって、10分の1の株主の反対があっても株主総会決議を経ないというケースは、よほどの著しい緊急事態のとき、たとえば、ここでニューマネーを新株発行の方法で入れないと手形不渡りを出す、あるいは社債の債務不履行を来す等の場合に限定されると考えておくのが妥当でしょう。

◉新株予約権も同様

新株予約権の募集についても、上記の新株発行の場合と同様のルールが設けられています（244条の2）。そうしないと新株予約権の募集発行という形を取ることで、上記新株発行規制をかいくぐることが可能になるからです。

68 授権資本

●発行される新株数に対する規制

　新株発行は、株式譲渡制限会社を除いて、原則として取締役会決議で行われます。そのため、会社が設立後に発行できる新株の数をあまりにも多くすると、取締役会がその権限を濫用して既存株主の会社支配の割合に大きな変化をもたらしたり、膨大な数の株式の発行が、会社に対する対外的な信用を誤らせたりする可能性があります。

　そこで会社法は、会社設立のときまでに、必ずその会社の発行可能株式総数を定款で定めることを要求したうえ（37条1項）、会社設立時に発行する株式総数は、その4分の1以上でなければならないとしています（37条3項）。

　これは、発行予定株式数のうち、会社スタート時に発行した残余数については必要に応じタイムリーな発行を認めるとともに、新株発行数が過大になることを防ぐためです。残余数をある程度の幅、すなわち、最大でも発行可能株式総数の4分の3に押さえようとしたものです。

　定款を変更して発行可能株式総数を増やす場合も、極端な増加数となることを抑制するため、既に発行済みの株式数の4倍までしか増加させることができません（113条3項）。

　「授権資本」とは、会社が発行可能な株式総数のことです。授権資本（の残余数）の範囲内で新株が発行できるというわけです。したがって、授権「資本」というより、授権「株式」と表現するのがわかりやすいでしょう。

●株式譲渡制限会社の場合

　公開会社と異なり、株式譲渡制限会社には、会社設立時に発行する株式が発行可能株式総数の4分の1以上という規制はありません。定款変更で発行可能株式総数を増加する場合も、発行済株式総数の4倍までという制限がありません。

　理由は、株式譲渡制限会社は、新株を発行するとき、原則として株主総会の特別決議が必要です（199条2項、200条1項、202条3項4号、309条2項5号）。そのため取締役会の権限濫用のおそれが少なく、会社支配に関する

◆授権資本の構造◆

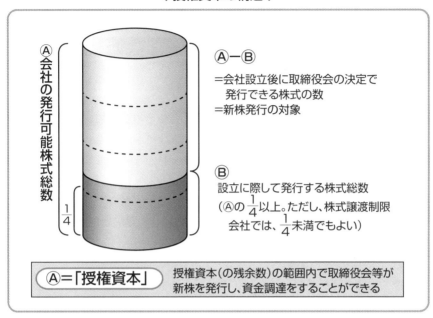

Ⓐ 会社の発行可能株式総数

Ⓐ−Ⓑ
＝会社設立後に取締役会の決定で
　発行できる株式の数
＝新株発行の対象

Ⓑ
設立に際して発行する株式総数
（Ⓐの $\frac{1}{4}$ 以上。ただし、株式譲渡制限
　会社では、$\frac{1}{4}$ 未満でもよい）

$\frac{1}{4}$

Ⓐ＝「授権資本」 授権資本（の残余数）の範囲内で取締役会等が
新株を発行し、資金調達をすることができる

既存株主の利益は株主総会決議で反映されます。このような公開会社と異な
る点が考慮されたからです。ただし、株式譲渡制限会社でも、授権資本（会
社の発行できる株式総数）自体は定款に記載されて登記されます。定款を変
更しない限り、この範囲でしか新株を発行できません。

　ですから、株式譲渡制限会社でも、授権資本制度の規制がまったく存在し
ないというわけではないのです。

◉株式分割と発行可能株式総数

　株式市場の流通性を高める等のため、１株を２株に、２株を３株等に細分
化することが行われます。これを株式分割といい、原則として取締役会決議
で行われます（183条２項）。この手続きによっても、発行済株式総数が増加
して発行可能株式総数を超えてしまう場合が生じ得ます。

　しかし、この場合もいちいち株主総会特別決議による定款変更が必要とす
れば、株式分割手続きの機動性が失われてしまいます。そこで、株式分割を
行う場合には、取締役会決議によって、発行可能株式総数についての定款変
更ができるとされています（184条２項）。

69 新株予約権

◉新株予約権とは何か

新株予約権とは、会社に対して行使することでその会社の株式の交付を受けられる権利です（2条21号）。新株予約権が行使された場合は、会社は新株を発行するか、または、有する自己株式を交付しなければなりません。

新株予約権が発行される場面に制限はありません。取締役や従業員へのストック・オプション、新株予約権付社債などのほか、融資条件を有利にするためなど資金調達の便宜を図るため、あるいは敵対的買収に備えるためなど、さまざまな場面で新株予約権を利用できます。

◉新株予約権の発行手続き

新株予約権の発行手続きは、新株の発行手続きと同じです。潜在的新株の発行だからです。

株式譲渡制限会社では、新株予約権の内容等の発行事項が、発行の都度、株主総会の特別決議で決められます（238条2項、241条3項4号、309条2項6号）。ただし、株主割当て（既存株主の所有株式数に応じて新株予約権を割り当てること）による発行の場合を除いて、株主総会の特別決議で、取締役会（取締役会を設置していない会社では取締役）にこの決定を委ねられます（239条、309条2項6号）。株主割当ての場合は、定款に定めることで、決定を取締役会等に委ねられます（241条3項）。

株式譲渡制限会社ではない会社（公開会社）では、株主割当ての場合か否かを問わず、原則として、取締役会決議で新株予約権の発行を決定できます（240条1項、241条3項3号）。ただし、公開会社でも支配株主に変更をもたらす新株予約権の発行には、新株発行と同様の規制があります（161ページ参照）。

◉特に有利な条件での新株予約権発行

株主割当て以外の方法で、時価よりも特に有利な条件（特に低い価額）で新株発行がなされた場合は、株価や支配力について既存株主に損害を与えます。新株発行と同様です。そこでこの場合には、払込金額等について株主総

◆新株予約権の利用◆

- ストック・オプション
- 新株予約権付社債
- 融資や取引条件を有利にするため
- 敵対的買収に備える

新株予約権が行使されたときは、新株を発行するか、自己株式を移転しなければなりません

会の特別決議を経なければなりません（238条～240条、309条）。

◉「特に有利な条件」となるのは

それでは、新株予約権において、どのような場合が「特に有利」にあたるのでしょうか？

新株予約権で会社が取得する対価は、発行のときとその後の新株予約権行使のときの2回にわたって払い込まれることが想定されます。そこで、この合計額が、新株予約権の行使までの間、合理的に予想される会社の株式の価額よりも低いときは有利発行にあたります。しかし、いつ新株予約権が行使されるか明らかではないので、事前の判断は困難です。そこで、一定の客観的な計算モデルで計算されることとなり、結果として違いがあっても合理的な価額といえることになります。

会社が特に有利と判断しなかったため株主総会特別決議を経なかったけれども、株主が有利発行にあたると考えた場合は、新株発行差止め等を請求でき（247条）、裁判所によって判断されることになります。

70 社債（1）

◉通常の社債と少人数私募債

社債とは、会社法の定めに従った手続きで発生する、会社を債務者とする金銭債権で、一定の定めに従って償還（弁済）されるものです（2条23号、676条以下）。新株発行、借入れと並ぶ会社の資金調達手段のひとつです。会社は、社債についても、株式と同様、有価証券（債券）を発行でき（676条6号）、また、債券を発行せず、振替制度による口座管理で譲渡等ができる制度も整えられています（社債、株式等の振替に関する法律）。

画一的な処理が必要なため、社債管理会社によって管理され、また、社債権者集会によって債権回収等に関する決議がなされるのが原則的な形態です。しかし、社債にも中小企業版があります。

それが、近時広く行われるようになっている少人数私募債です。これは、社債総額を社債の最低券面額で除した数が50未満、すなわち、社債を引き受ける者が50名未満という少人数の社債です。この場合には、社債管理会社（社債管理者）の設置は不要で（702条）、金融商品取引法上も、有価証券の募集と区別された「私募」とされ、有価証券届出書等の提出が不要です。加えて、社債の発行総額が1億円未満であれば、有価証券届出書等を提出していないことを、募集対象者に説明する義務もありません（金融商品取引法23条の13第4項ただし書き）。そのため、大がかりな手続きや費用をかけずとも、中小企業自身が、縁故者あるいは金融機関に事業計画を示して社債の引受けを頼み、簡単な事務手続きで、社債を発行して資金調達することが可能です。

このように社債にも、大企業が発行する典型的なものから中小企業版まであります。会社法は、株式会社のみならず、特例有限会社でも、持分会社でも、すべての会社は社債を発行できるとしています。

◉社債と株式の比較

社債の特徴は、株式と比べるとよくわかります。

株主は、会社に配当可能な剰余金があるときのみ利益配当を受けますが、社債権者は、会社にお金を貸している債権者ですから、剰余金の有無にかか

166

◆少人数私募債の発行条件◆

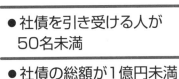

- 社債を引き受ける人が50名未満
- 社債の総額が1億円未満

中小企業でも、簡単な手続きで社債を発行できます

◆社債権者と株主の違い◆

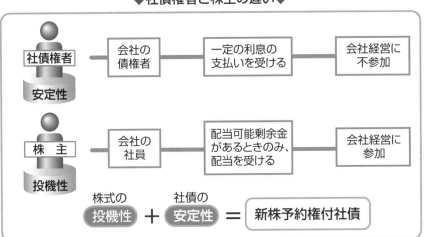

社債権者　安定性　会社の債権者　一定の利息の支払いを受ける　会社経営に不参加

株主　投機性　会社の社員　配当可能剰余金があるときのみ、配当を受ける　会社経営に参加

株式の 投機性 ＋ 社債の 安定性 ＝ 新株予約権付社債

　わらず約束に従った利息の支払いを受けます。株式のような投機性がない代わりに、安定した利息の支払いを受けられるのです。

　会社が解散して清算するときは、会社外部の存在である社債権者等の債権者にまず弁済され、それでも残余財産がある場合に初めて株主はその分配を受けられます。また、株主は、会社存続中は、原則として、会社に対して投下資本たる株式の金額の払戻しを請求できず、投下資本の回収は株式を他に譲渡して行います。しかし、社債権者は、償還（弁済）期限が到来すれば会社から元金の返済を受けます。さらに、株主は、株主総会決議で議決権を行使し会社経営に参加しますが、社債権者にはそのような権利はありません。

71 社債（2）

機動的な社債発行、新株予約権付社債

◉社債発行の手続き

　社債を発行するには、募集社債の総額、各社債の金額、利率、償還期限などについて、取締役会の決議を必要とするのが原則です（676条、362条4項5号）。ただし、取締役会は、具体的な社債の利率や各社債の金額等については、その決定を代表取締役に委任できます（362条4項5号、会社法施行規則99条）。したがって、大枠を取締役会で決め、代表取締役の判断による適時の発行が可能です。機動的な社債発行ができるというわけです。

◉社債管理者

　社債は、多数の社債権者の存在を前提とするため、銀行や信託会社等に社債の管理を委託しなければならないのが原則です。これが社債管理者（社債管理会社）です（702条、703条）。社債管理会社は、社債権者の利益のため、社債の弁済を会社から受け、回収のために必要な一切の裁判上、裁判外の行為ができます（705条）。

　例外として社債管理会社を置かなくてよいのは、①各社債の金額が1億円以上の場合と、②社債を引き受ける者が50名未満の場合です（702条ただし書き、会社法施行規則169条）。

　①は、規模の大きい社債を引き受ける社債権者は管理能力を有していると考えられるからであり、②は、少人数なのでわざわざ管理会社を設置するまでもないと考えられたからです。この②が、少人数私募債を可能にする根拠のひとつです。

◉社債管理補助者

　しかし実際には、社債管理会社のコストなどから、敢えて上記例外に該当させて社債管理会社を置かない場合が多いと指摘されていました。しかしそれでは社債権者の保護に欠けます。

　そこで令和元年改正会社法は、上記例外に当たる場合でも、社債管理補助者を置くことができるとしました（714条の2以下）。なお、置くことが「できる」のであって義務ではありません。社債管理補助者は、会社の破産手続

◆新株予約権付社債の2態様◆

❶ 転換社債型

……新株予約権が行使されれば、社債はすべて株式に転換して消滅

❷ 新株引受権（ワラント）付社債型

……新株予約権を行使し、払込みをして新株を取得する。社債は社債で存続する

きや民事再生手続きへの参加、会社清算の場合の社債権届等を社債権者に代わって行います。

◉社債権者集会

社債管理会社の設置の有無にかかわらず、社債権者集会が組織されます（715条以下）。といっても、株主総会のように定時の集まりがあるわけではありません。社債権者集会は、社債の利払いや元本の弁済がなされないような事態に対応し、発行会社や社債管理会社、社債権者が臨時に招集する会議体です。ここでは、支払いの猶予や免除などについて、社債権者が、各自の社債金額に応じた議決権を行使し、意思決定を行います。

◉新株予約権付社債

社債のなかにも、安定性と株式の投機性の両方を兼ね備えたものがあります。それが新株予約権付社債です（2条22号）。利払いを受ける等の社債の安定性と、株価が上がれば新株予約権を行使して、あらかじめ定められた額で株式を取得することによって利益を得るという投機性の両面を有するものです。

新株予約権付社債は、新株予約権と社債の合体したものですから、特に会社法に新株予約権付社債についてまとめて規定した部分があるわけではありません。新株予約権付社債には、①転換社債型、すなわち、新株予約権が行使されたときは、社債がすべて株式に転換して社債は消滅するパターン（280条4項）と、②新株引受権付社債型、すなわち、払込みをすることで新株を取得し、社債は社債でそのまま存続するパターンがあります。この「新株引受権」のことを「ワラント」と呼ぶ場合があります。

72 株式公開のメリット、非公開化のメリット

非公開化（ゴーイング・プライベート）を目指す会社も

◉株式公開とは

　事業を興した以上、株式を公開し、多額の創業者利益を得るとともに、会社に社会的な信用と名声を与えたいと願うのが一般です。

　株式公開とは、その会社の株式が東京証券取引所等の金融商品取引所の市場で取引されるようになることです。これによって株式に市場性をもたせることが株式公開（上場）で、株式を公開した会社を公開会社と呼ぶことがあります。

　ただし、会社法でいう「公開会社」という言葉は、「株式の全部または一部の譲渡について会社の承認を要するという定款の定めを設けていない株式会社」（2条5号）のことです。株式を上場しているかとはまったく関係がありません。紛らわしいので注意を要します。

◉株式公開のメリット・デメリット

　株式を上場したときは、市場での株価評価によって、多額の創業者利益を得ることが可能になります。証券市場から資金調達ができるようになり、大規模な設備投資や新規事業への進出も可能になります。社会的な名声も得られます。それだけでなく、創業者が亡くなったときも、株式を容易に換金等できるので、相続税納付も容易になります。さらに、上場すれば、経営者が金融機関の保証人になる負担もなくなるのが通常で、経営者は保証人の地位から解放されます。

　デメリットもあります。それは株式に流通性がもたらされるので、会社支配が不安定になる可能性が生じる点です。実際の会社の資産や成長期待に比して株価が安かったり、どうしてもその事業が欲しい他者が現われた場合は、敵対的買収のターゲットにもなり、ＴＯＢをかけられることもあります。

　その他、株主総会や株式管理事務が増大しますし、適時の情報開示が義務になります。毎決算期に作成される有価証券報告書や、半期報告書、四半期報告書、経営に影響を及ぼす事項が発生したときの臨時報告書等を作成しなければならず、会計監査の費用も相応な額になります。市場の期待に応える

◆株式非公開化（ゴーイング・プライベート）は2段階ある◆

> **1** 上場廃止
>
> **2** 継続的情報開示義務の消滅

ため、短期的な利益を目指すプレッシャーもかかってきます。会社関係者等は、インサイダー取引をしないよう常に注意が必要です。違法行為が発生したときの社会的非難もより大きなものになります。

●非公開化（ゴーイング・プライベート）

株式公開のデメリットが、すなわち、株式非公開化のメリットです。これを目指して、公開会社をもう一度非公開化しようとする動きもあります。

非公開化には、たんに①上場を廃止することだけでなく、②金融商品取引法上の継続的な情報開示義務もなくしてしまうという２つがあります。

①は、上場廃止基準に該当させる必要があり、東京証券取引所の基準では、たとえば、株主数が400人未満になれば、猶予期間１年間で上場が廃止されます。株式移転や株式交換で他の会社の100％子会社になれば、株式の流通性がないと考えられますので、直ちに上場廃止になります。

②は上場廃止しただけでは達成できません。株式や社債を公募する等のため有価証券届出書を提出した会社には、上場廃止後も有価証券報告書等を提出する継続開示義務があるのです。これをなくすためには、株主数を300名未満にするなどの方策をとらねばなりません（金融商品取引法施行令３条の５）。

73 会計帳簿と計算書類

貸借対照表、損益計算書、株主資本等変動計算書、個別注記表

◉会計帳簿の適時作成は法律上の義務

　会計帳簿とは、貸借対照表や損益計算書等及びその附属明細書を作成する資料となる帳簿です（435条2項）。具体的には、日々の取引等のさまざまな事実を記載した日記帳、それを分類した仕訳帳、仕訳帳の記載をさらに資産や負債、あるいは収益等に整理した総勘定元帳のことです。これらの会計帳簿によって、剰余金の分配（配当）可能性や債務超過か否か等を判断する貸借対照表（B/S：Balance Sheet）や、ビジネスで利益が出ているか等を示す損益計算書（P/L：Profit and Loss statement）等の計算書類が作成されます。

　したがって、会計帳簿が適正に作成されていることが会社の決算では非常に重要ですから、株式会社は適時に正確な会計帳簿を作成しなければならず（432条1項）、会計帳簿を10年間保存しなければなりません（同条2項）。

◉計算書類には何がある？

　会社法は、計算書類を、貸借対照表、損益計算書、株主資本等変動計算書、及び個別注記表の4つと定義しています。会社は、これら計算書類に加え、事業報告、及び附属明細書を毎決算期ごとに作成しなければなりません（435条2項、会社計算規則59条）。

　このうち、株主資本等変動計算書（会社計算規則96条）は、剰余金や準備金、資本の増減を示すものです。これらの数値は、準備金の資本組入れ、利益の準備金への計上、減資等で変化します。変動するこれらの数値は、剰余金の計算に密接にかかわり、実質的な株主の持分＝純資産（資産から負債を控除した残額）にもかかわるものです。そこで、この変動状況をまとめた株主資本等変動計算書の作成が義務づけられています。

　個別注記表（会社計算規則97条）は、重要な会計方針や、B/S、P/L、会社の関連当事者との取引に関する事項に対して、個別の説明をするものです。

◉計算書類の附属明細書

　計算書類の附属明細書は、上記4つの計算書類の内容を補足するもので（会

◆正確な会計帳簿と計算書類をつくる◆

| 会計帳簿とは | ●計算書類等を作成する資料となる帳簿
●例)日記帳、仕訳帳、総勘定元帳 |

計算書類とは、次の4つ

貸借対照表 (B/S)	→	剰余金の配当可能性や債務超過か否か等を判断する
損益計算書 (P/L)	→	ビジネスで利益が出ているか等を示す
株主資本等変動計算書	→	剰余金や準備金、資本の増減等を示す
個別注記表	→	重要な会計方針や、B/S、P/L、会社の関連当事者との取引に関する事項等について個別に説明を加える

社計算規則117条)、たとえば、固定資産の明細、販管費(販売費及び一般管理費)の明細等がこれにあたります。

◉事業報告

事業報告は、会社の現況に関する事項(事業内容、事業の成果等)、取締役等の職務執行が法令や定款に適合することを確保する体制、大株主に関する情報、役員の報酬総額、その他役員に関する事項、買収防衛策の内容等が記載される報告書です(会社法施行規則118条以下)。

事業報告は、定時株主総会で株主に報告されます(437条)。ただし、会計に関する内容を含まないため、監査役等の監査を受ければ足り、会計監査人設置会社でも会計監査人の監査を受ける必要はありません(436条2項)。

◉財務諸表

上場会社等は、金融商品取引法、財務諸表等規則に基づき財務諸表を作成しなければなりません。財務諸表とされるものは、貸借対照表、損益計算書、株主資本等変動計算書、キャッシュフロー計算書、及びそれらの附属明細書です。キャッシュフロー計算書が含まれる点などで、会社法の計算書類及びその附属明細書と一致はしていません。

74 決算

臨時計算書類、連結計算書類もある

◉決算及び計算書類等の作成手続き

決算とは、会計期間における収支、損益を明らかにし、ビジネスの成績を把握する手続きのことです。そのため作成されるのが計算（決算）書類です。

毎決算期が過ぎると、代表取締役らや執行役が、当該年度の貸借対照表、損益計算書、株主資本等変動計算書、及び個別注記表や、事業報告、それらの附属明細書を作成します（435条）。その後、計算書類等が会計監査人に提出され、その後、監査役、監査委員会、監査等委員会（以下「監査役等」）に提出されます。会計監査人は会計監査報告を、監査役等は監査報告を作成し、適正と認めるかなどの意見を示します（436条、会社計算規則121条以下）。その後、計算書類等は、取締役会の承認を受け（436条3項）、株主に提供されます（437条）。

◉計算書類、剰余金配当の承認

監査を受けた計算書類は、定時株主総会の承認を得るのが原則です（438条2項）。事業報告は定時株主総会で報告すれば足ります（438条3項）。

ただし、会計監査人設置会社では、計算書類を会計監査人と監査役等がダブルチェックしていますので、取締役会の承認も得た場合は、株主総会の承認は不要です（439条）。他方、取締役会を設置していない会社は、たとえ会計監査人がいても株主総会の承認が必要です。

剰余金配当についても、株主総会決議を得ることが原則ですが、取締役の任期が1年以内で、会計監査人及び監査役会を設置している会社、及び指名委員会等設置会社は、定款で定めることにより取締役会で決められます。監査等委員以外の取締役任期が1年以内の監査等委員会設置会社も同様です（459条）。

◉中間配当、臨時決算

営業年度の途中でも、定款で定めることで、株主総会等の決議なしに取締役会決議で中間配当をすることが認められており（454条5項）、多くの上場会社で、この手続きによって年2回の配当が行われています。

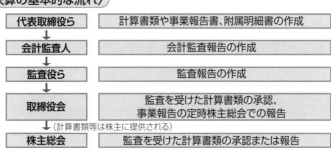

◆決算のしくみ◆

決算とは	●会計期間におけるビジネスの成績を把握する手続き
	●そのために作成されるのが計算（決算）書類

〈決算の基本的な流れ〉

代表取締役ら	計算書類や事業報告書、附属明細書の作成
↓	
会計監査人	会計監査報告の作成
↓	
監査役ら	監査報告の作成
↓	
取締役会	監査を受けた計算書類の承認、事業報告の定時株主総会での報告
↓（計算書類等は株主に提供される）	
株主総会	監査を受けた計算書類の承認または報告

　ただし、定時株主総会決議や、決算を経て会計監査人の適正意見等を受けて行われた取締役会決議による配当を除いて、期末に純資産から資本金と準備金の合計を控除する等した額がマイナスになった場合、配当した代表取締役等は、過失がないことを証明しなければ賠償責任を負います（465条）。

　会社法は、中間配当手続きによるだけでなく、会計年度中、何度でも、臨時決算をして株主総会等の必要な手続きを経て配当することも認めます。会計年度の途中の日を臨時決算日として株主総会等の承認を得る手続きができ、その際作成される計算書類が、臨時計算書類です（441条、会社計算規則60条）。

◉連結計算書類とは

　会計監査人設置会社は、自社とその子会社（過半数株式を有する等、実質的にその会社が支配している他の会社）からなる企業集団トータルの財務と損益の状況を示すため、子会社と通算した連結計算書類（444条1項、会社計算規則61条）を作成でき、上場会社等ではその作成が義務とされます（444条3項）。連結計算書類は、会計監査人及び監査役等の監査を受け、取締役会の承認を得たうえで定時株主総会に提供されます（444条4項〜7項）。

75 資本、準備金

◉資本とは

　資本とは、事業の基金となる会社の財産のことです。会社法で、資本額は、原則として、株式の対価として払い込まれた額の総額です（445条1項）。ただし、払込額の2分の1以下の額は、資本ではなく資本準備金にでき（445条2項）、実際には、多くの会社がこのやり方で資本準備金を形成しています。

　理由は、資本準備金であれば株主総会の普通決議でその金額を減少し、減少額分を利用できるのに、資本は、いわば事業の元金として、原則として株主総会特別決議がなければ金額を減少できず、取り崩しの融通が利きにくいからです（447条、448条、309条）。資本金額は、登記され（911条3項）公開されています。なお、会社法は、資本金額の最低額を規制していません。

◉準備金とは

　準備金とは、その名のとおり、将来の必要に備えあらかじめ準備しておく金額のことです。会社法によって積み立てることが要求されていることから法定準備金とも呼ばれます。法定準備金のなかには、資本準備金(445条3項)と利益準備金（445条4項）があります。

　資本準備金は、①株主から払い込まれた金額のうち資本に組み入れなかった金額等や、②毎期の剰余金配当額の10分の1の額の積み立てで構成されるものです。利益準備金は、②のみで構成されるものです（445条2項〜5項）。資本準備金と利益準備金の合計額が資本金額の4分の1に達したら、それ以上、資本準備金や利益準備金のために②を積み立てる必要はありません（会社計算規則22条）。

　資本は株主から出資された金額等であり、利益は事業で稼いだ金額ですから、両者の区別をまったくなくすことはできません。しかし、名称の違いにかかわらず、資本準備金と利益準備金は、要するに将来への備えという点で共通です。そこで、減少手続きはいずれも株主総会普通決議によります（448条）。

◆資本とは◆

- 事業の基本となる会社の財産

- 資本額は、原則として株式の対価として払い込まれた総額

- 払込額の2分の1以下は資本準備金にできる

- 資本準備金は、株主総会の普通決議で取り崩せる
  ※資本の取り崩しは特別決議が必要

- 資本と準備金は剰余金分配規制により会社財産として維持され、
  会社債権者の保護につながる

◉準備金も0円にできる？

　資本は、減少手続きによって0円にすることができます。準備金はどうでしょうか？

　資本自体の最低額の規制がありませんから、準備金だけ規制しても意味がありません。そこで、準備金を減少して0円にすることも可能です。ただし減少手続きで準備金額をマイナスにすることは許されません（448条1項、2項）。

◉資本の債権者保護機能は、剰余金分配規制と相まって生まれる

　資本の最低額に規制がないといっても、登記された資本金が0円では対外的な信用を得られません。そこで実際には、300万円とか1,000万円とか5億円とか、一定レベルの金額が会社の資本金額とされます。

　そして、そのようなレベルの資本金と、さらに準備金が存在し、原則として、これらの合計額を超える純資産（資産から負債を控除した金額）が会社に存在しなければ剰余金の分配（利益配当、自社株取得）ができない、という剰余金分配規制があることによって、会社財産が維持され、ひいては会社債権者を保護することにつながっているのです。

76 剰余金の分配規制

◉規制が必要な理由

　株式会社では、株主有限責任制度がとられていますから、会社債権者への弁済原資は会社財産しかありません。そこで、株主に配当したり、会社が自社株を株主から買ったりすることを無制限に許したら、会社財産を危うくし、債権者を害します。会社財産が流出する株主への配当はもちろん、自社株取得も、実質は株主への出資の払戻しだからです。

　本来、会社内部の存在である株主よりも、会社外部の存在である債権者のほうが優先されるべきですから、債権者保護の観点なしに会社財産の無制限の流出を許すことは不合理です。

◉配当と自社株取得への財源規制＝剰余金の分配規制

　そこで会社法は、株主への配当や自社株取得に対して、次のような財源規制をかけています。

　会社の資産総額から負債総額を控除した額（＝純資産額）から、さらに会社に留保すべき資本額や準備金額等を控除した残額を「剰余金」と呼んでいます（446条）。配当や自社株取得は、この剰余金の分配として行われる行為です。そして、この剰余金の分配は、たんに剰余金があればできるというわけではなく、さらに、剰余金から自社株の帳簿価額（自社に対する権利にすぎないから）や、事業年度の途中で臨時決算をした場合（441条）の損失等を控除した額（分配可能額）が残っていなければしてはならない、と定められているのです（461条2項、会社計算規則156条以下）。

　さらに、会社法では資本の最低額の規制がありません。準備金もゼロにできます。その代わり、会社の純資産額が300万円以上でなければ配当できない、とされています（458条）。

　ただし、このような剰余金の分配規制をクリアするのであれば、会社は、年何回でも株主への配当をすることが可能です（453条）。

◉株主への配当を取締役会で決議できる場合がある

　株主への配当は、原則として、株主総会の普通決議で決定されます（454条）。

◆剰余金や配当を知る◆

なぜ剰余金
の分配規制
があるのですか?

分配=配当や自社株取得による
会社財産の流出を無制限に許すと、
会社債権者が害されるからです

配当が取締役会
決議でできる場合が
あるのですか?

●会計監査人設置会社
●取締役の任期が1年以内
●監査役設置会社の場合、監査
　役会があること
　以上の3つをクリアすれば、
　定款で、取締役会決議で可能
　と定められます

　しかし、貸借対照表等の計算書類が正確につくられ、取締役の任期が短く株主のチェックを受け続け、かつ、定款で配当についての株主の授権がなされている場合であれば、配当決議を取締役会決議で行えるとしても弊害はないと考えられます。

　そこで、会社法は、会計監査人設置会社で、取締役（監査等委員会設置会社では監査等委員ではない取締役）の任期が1年以内、監査役設置会社の場合は監査役会を設置している、という条件をいずれも満たす場合は、定款で定めることで、株主への配当は取締役会で決議できるとしています（459条）。

77 違法な剰余金分配の責任

◉財源規制に違反する株主総会や取締役会の決議は無効

　株主への配当や自社株取得（以下これらを「剰余金分配」という）は、分配可能額の範囲でなければできず、また純資産額が300万円以上なければ配当ができません（458条、461条）。この財源規制に違反して、取締役や執行役が剰余金分配をしてしまったらどうなるでしょう？

　まず、当該剰余金分配を決めた株主総会や取締役会の決議は、内容が法律に違反して無効です。ですから、その決議に基づく配当も無効です。

　自社株取得の効力はどうでしょう？　自社株取得は株主との売買契約なので、取引の安全も配慮する必要があります。しかし、財源規制は法律で定められ株主も知り得るうえ、会社や会社債権者のための重要な規制です。会社法は、違法な自社株取得で対価を得た株主に会社への支払責任を認めています（462条）。したがって、自社株取得の売買契約も無効と解すべきです。

◉財源規制違反の厳しい責任

　まず、会社は、違法な分配を受けた株主に、分配額の返還を請求できます（462条）。会社法だけでなく、一般原則を定める民法の不当利得の規定によっても請求できます（民法703条、704条）。株主のみならず、当該剰余金分配を行った取締役や執行役、また、株主総会や取締役会にその議案を提案した取締役や執行役も、同額の支払義務を負います。これと株主の責任とは連帯債務です（462条）。会社は、これらの者から資力のある者を選んで請求できます。

　この取締役や執行役（以下「取締役等」）の責任は、注意を怠らなかったことを取締役等が証明すれば責任を免れます（462条2項）。しかし、たとえ株主全員の同意があっても、分配可能額を超えた金額については免除できません（462条3項）。

　さらに会社債権者は、株主に対し、分配を受けた金額を債権者の債権額の範囲内で債権者自身に払うよう請求できます（463条2項）。取締役等、会計参与、監査役や会計監査人に重大な過失があり、違法分配によって債権者が

◆違法分配をするとどうなる？◆

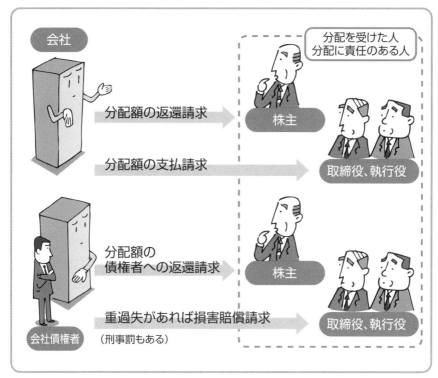

損害を受けた場合には、債権者が、それらの者の責任を追及することも可能です（429条）。取締役等に対する刑事罰も存在します（963条5項2号）。

　会社法は、会社財産を守るため、さまざまな方策を設けているのです。

◉取締役等と株主の関係

　取締役等が会社にこの賠償責任を果たした場合、その者と、違法分配を受けた株主の関係はどうなるでしょう？

　本来、返還すべき分配額を株主が手中にしてしまうことはおかしいので、義務を果たした取締役等は、株主に同額を自分に払えと請求できそうです。

　しかし、会社法は、違法分配を受けた株主が、違法であることを知らなかった場合は、取締役等は株主に請求できないとしています（463条1項）。違法分配に直接的な責任のある取締役等と、違法であることを知らなかった株主の利益を比較考量した結果です。

78 資本の減少、準備金の減少

株主総会の普通決議で減資できる場合も

◉資本減少とは何か。どういうときになされるのか

資本減少（減資）は、資本金額を少なくすることです。たとえば、資本金3億円の会社が、資本金5,000万円に変更することです。なぜ、そのようなことが行われるのでしょうか。

実際に減資がなされる多くの場合は、会社が苦境に陥ったときです。そのとき、株主への配当を可能にしたり、新しい投資を得るために減資が行われます。

すなわち、配当（剰余金分配）可能額は、純資産額（資産総額から負債総額を控除した額）から、資本額や準備金額等を控除して決められます。そのため、純資産額が小さくなった会社も、資本額等を減少すれば配当が可能になります。

また、倒産状況に陥ったとき、新たなスポンサーに株主になって投資してもらう必要が生じます。この場合、資本金3億円の会社に1億円投資しても支配力は4分の1です。しかし、資本額を5,000万円に減少して1億円を投資すれば、3分の2の支配力を得られ、投資へのインセンティヴになります。

◉減資の手続き

配当可能かどうかの判断に際して純資産から資本額が控除されるので、資本は債権者保護の役割を担います。そのため資本額を減少する手続き（減資手続き）は厳格さが要求され、原則として、株主総会の特別決議が必要です（447条、309条2項9号）。

しかし、例外として、㋐定時株主総会決議による場合で、かつ、㋑減資をしてもまだ剰余金の分配可能額が発生しない場合は、株主総会普通決議で減資ができます。この場合は、減資が会社資産の社外流出に直接つながらず、たんに純資産額が資本額や準備金額の合計を下回っている状態（資本の欠損）を解消するために行われるにすぎないからです（309条2項9号）。

◉債権者保護手続き

減資手続きには、債権者保護手続きも必要です。減資で配当が可能になる

◆減資手続きの留意点◆

●株主総会特別決議によることが原則

●ただし、定時株主総会で認められ、減資後も分配可能
　額が発生しないときは、普通決議で減資できる

●債権者保護手続きは常に必要

など、会社財産の社外流出につながるからです。減資することを官報に公告
し債権者に通知等して、異議を出した債権者には、減資をしてもその債権者
を害するおそれがない場合を除き、弁済や担保の提供をしなければなりませ
ん。債権者保護手続きは、普通決議で減資できる場合も必要です（449条）。

◉**法定準備金の場合**

　法定準備金の額が非常に大きくなっているので、これを取り崩して剰余金
にして株主に配当したい場合があります。また、資本の欠損が生じているの
で解消するため、準備金の額を減少させたいという場合もあります。

　そこで、会社法は、株主総会の普通決議で準備金の減少ができるとしてい
ます（448条）。この場合も、減資と同様の理由で債権者保護手続きは必要で
す。ただし、定時株主総会で決議し、かつ、資本の欠損を解消するために減
少手続きが行われるだけで、準備金減少後もまだ剰余金の分配可能額が発生
しない場合は、減資の場合と異なり、債権者保護手続きは不要です（449条
1項）。

　準備金は、資本と比べれば二次的な備えなので、資本よりは減少手続きが
緩やかになっているのです。

79 Ｍ＆Ａとデュー・ディリジェンス

◉Ｍ＆Ａとは何か

Ｍ＆Ａという言葉は、新聞等で見ない日がないほどポピュラーになっています。Ｍ＆Ａ（Mergers & Acquisitions）の直接の意味は、企業の合併（Merger）と買収（Acquisition）です。しかしそれに限らず、Ｍ＆Ａという言葉は、複数企業間の組織再編という広い意味で使われます。

◉Ｍ＆Ａはどんな場合に行われるのか

他の会社を吸収合併したり、株式を取得して子会社にして企業規模の拡大を図る。企業の支配力を左右するほどの株式を買い占めた者が、それを背景に高値での株式買取りや、多額の剰余金配当を要求する。それに対して経営者側が防衛策を講じる。グループ化の手段として持株会社を利用する、等の動きが注目を集めることがあります。後継者のいない中小企業のオーナーが、会社の資産を売却して会社を清算するより税務上有利なことから、会社の株式そのものを売却することもよくあります。

さらに、会社更生手続きや民事再生手続きにおいて、減資を行って株主の責任を明らかにするとともに、スポンサーに増資に応じてもらい、企業の支配体制をまったく変えて再生に臨むこともよく行われます。

◉Ｍ＆Ａの法的手段

Ｍ＆Ａの具体的な法的手段には、合併、事業譲渡、株式交換、株式移転、会社分割、株式取得、新株発行等があります。これらのなかにも、さらにいくつかの態様があり、たとえば、株式取得にも通常の売買のほか、新株発行の一種としての第三者割当増資、ＴＯＢ（株式公開買付け）、ＭＢＯ（Management Buy-Out）など、さまざまなものがあります。

◉デュー・ディリジェンス

Ｍ＆Ａでは、買収対象企業の精査（デュー・ディリジェンス：Due Diligence）が頻繁に行われます。Ｍ＆Ａを株式取得で行う場合、支配力は変化しても、企業内容は株式取得後も同じです。吸収合併や吸収分割を行うのであれば、対象企業そのもの、またはその事業の一部が自社の一部になり

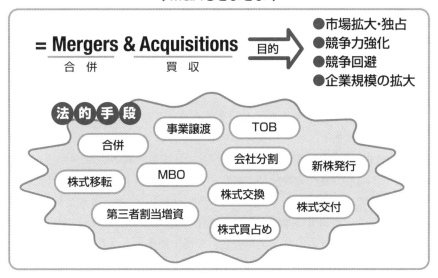

◆M&Aもさまざま◆

= **Mergers & Acquisitions** 合併 買収 目的 → ●市場拡大・独占 ●競争力強化 ●競争回避 ●企業規模の拡大

法的手段

事業譲渡 TOB 合併 会社分割 新株発行 株式移転 MBO 株式交換 第三者割当増資 株式交付 株式買占め

ます。株式交換なら、対象企業と親子会社関係が生じます。事業譲渡であれば、何を買い、何を買わないか決めなければなりません。これらでもし隠れた不具合があれば、損害賠償するにも既に対象が自分の一部になっていたり、金銭では取り返しのつかない社会的評価の問題が生じたりします。事後的救済に頼るM＆Aは失敗ということになりかねません。

そこで、秘密保持契約を含む基本合意を締結した後、最終契約締結に至るまでの間にデュー・ディリジェンスが行われるのです。

◉**精査の内容**

デュー・ディリジェンスには、大きく分けて会計監査と法的監査があります。会計監査は、対象企業の財務内容のチェックで、法的監査は、対象企業の支配関係や契約、紛争の有無・内容等についてのチェックです。

具体的には、貸借対照表や損益計算書の真実性、将来利益の予想、簿外債務、偶発債務（保証債務や紛争による責任）の有無、新株予約権等買収後に買い主の支配権を薄める可能性、知的財産権の登録等の状況、労働紛争の有無等が精査され、報告書が作成されてM＆A実行の最終判断のために使われます。

80 合併とは

吸収の対価は自社株でも親会社株式でも金銭でもよい

◉新設合併と吸収合併がある

　合併とは、2つ以上の会社が契約により、ひとつの会社になることです。合併には2種類あり、ひとつは合併当事会社がすべて解散し、それと同時に新会社を設立する「新設合併」、もうひとつは当事会社の一方が存続し他は解散して、解散会社を存続会社が吸収する「吸収合併」です。実際は大部分が吸収合併です。理由は、当事者すべてが解散すると、許認可が消滅したり、上場手続きのやり直しや株券の新たな発行が必要になったりするからです。合併によって、競争力強化、競争回避、市場占拠率拡大等が目指されます。

◉合併に対する規制

　合併は、会社法だけでなく、独占禁止法、金融商品取引法、各種業法等によって規制されています。独占禁止法は、合併によって一定の取引分野における競争の実質的制限を生じる合併を禁止し、そのチェックのため、一定の大規模な合併は、公正取引委員会への届出を義務づけています（独占禁止法15条）。また、上場会社等では、情報開示の観点から一定の大規模な合併では臨時報告書の提出が義務づけられていますし（金融商品取引法24条の5）、インサイダー取引規制の対象にもなります（同法166条）。

◉合併手続き

　当事会社間で合併契約をして契約書を作成し（748条）、原則として各当事会社の株主総会で特別決議による承認を受けます（309条2項12号）。総会招集通知には、合併契約の要領が記載されます。合併は、負債も資産も一体として扱われる組織的な手続きですから、債権者保護手続きも必要です。異議ある債権者には弁済するなどしなければなりません（789条）。反対株主は、会社に株式買取請求権を行使でき（785条）、価格の調整ができなければ、裁判所に決定を求められます（786条）。さらに、株式割当ての準備（たとえば、被吸収＝解散会社の株式3株に対し、吸収＝存続会社の株式2株を与えるなど、存続会社株式の解散会社株主への交付〈割当て〉比率決定、端数が生じる場合の措置等）を行い、事業財産等を移転します。

◆三角合併とは◆

（A社の親会社B社）

対価として
親会社B社の
株式を与えます

B社株式

C社の株主たち

吸収

　合併の効力は、契約で定められた日に発生します（750条）。そして存続会社の変更登記、解散会社の解散登記がなされて手続きが終了します。

◉対価の種類と三角合併

　吸収合併で消滅会社の株主に交付される対価は、存続会社の株式でも金銭その他の財産でもかまいません（749条1項2号）。すべて金銭による吸収合併も可能です（Cash-Out Merger）。さらに、対価を存続会社の親会社の株式とすることもできます。この場合、消滅会社の株主は、存続会社の親会社の株主になり、合併に三当事会社が登場するので、これを「三角合併」と呼んでいます。三角合併で存続会社の親会社が外国企業の場合、日本企業が外国企業側に容易に吸収されてしまう点が指摘される場合があります。しかし、合併手続きには、原則として消滅会社でも株主総会の特別決議が必要ですから、必ずしも外国企業が容易に日本企業を吸収できるというわけではありません。

　なお、新設合併では、新設会社の財産的基礎を守るためと新設会社の株主を新たにつくる必要があるため、消滅会社の株主に交付されるのは新設会社の株式が原則です。金銭等は認められていません（753条1項6号〜9号）。

81 事業譲渡とは

合併とは異なるメリット・デメリット

◉事業譲渡とは何か

　事業譲渡は、ある事業の全部または一部が他の会社に譲渡されることです。競争力強化、市場占拠率拡大等の合併の効果は、事業譲渡でも得られます。ここで言う事業は、たんに事業用の財産だけではなく、得意先やノウハウなど、いわゆる「のれん」を含んだものです。

◉メリットとデメリット

　合併や会社分割のような画一的な組織的契約と異なり、事業譲渡は通常の売買契約です。そのため、対象資産や負債を契約で自由に選択できるという大きなメリットがあります。譲受会社は、対象事業にデュー・ディリジェンス（買い手側による調査）を行い、事業性や簿外債務の有無等をチェックし、欲しい部分だけを取得できます。債務も選択でき、当該事業の債務をすべて引き受けねばならないわけではありません。

　デメリットもあります。その事業の債権者からすれば債務者を勝手に変えられるいわれはないので、債務や契約上の地位を譲受会社が引き継ぐには、債権者や契約の相手方の個別の同意が必要です。さらに、許認可の取り直し、移転への従業員の個別の同意、退職する者に対する退職金なども必要になります。

◉事業譲渡の手続き

　譲渡当事者間で、まず秘密保持契約が締結され、今後の方向性の基本的な内容を定めた覚書が締結されます。その後、譲受会社によるデュー・ディリジェンスが行われ、それらに基づく判断がなされて最終的な事業譲渡契約が締結されます。対象が譲渡会社の事業の全部または重要な一部のときは、原則として、譲渡会社で株主総会の特別決議を経なければならず（467条1項1号、2号、309条）、対象が事業の全部のときは、原則として、譲受会社でも株主総会の特別決議が必要です（467条1項3号）。最後に資産の現実の移転がなされ、登記手続き等が行われて終了します。

　また株主保護のため、反対する株主に株式買取請求権が与えられます（469

◆事業（営業）譲渡のメリット・デメリット◆

メリット	デメリット
対象となる事業、資産、引き継ぐ負債を自由に選択できる	● 債務や契約上の地位を引き継ぐには債権者の同意が必要 ● 従業員の移転に個別の同意が必要 ● 許認可の取り直し

条）。他方、債権者の個別同意を要するため債権者保護手続きはありません。

●株主総会決議が不要な場合

機動的な事業譲渡のため、一定規模以下のときは株主総会決議は不要です。①事業の一部譲渡につき、対象事業の譲渡会社での帳簿価額が、総資産の20％以下なら、譲渡会社の株主総会決議は不要です（467条1項2号）。②全部譲渡につき、その対価の譲受会社での帳簿価額が、純資産額の20％以下なら、譲受会社の株主総会決議は不要です（468条2項）。この①と②が「簡易事業譲渡」といわれるものです。

さらに、A社とB社の事業譲渡契約で、A社が、B社の総株主の議決権の90％以上を有する会社（特別支配会社）なら、B社の株主意思は明らかなので、B社の株主総会決議は不要です（468条1項）。「略式事業譲渡」といいます。

●倒産手続きにおける事業譲渡

倒産手続きでも事業譲渡が行われます。たとえば、民事再生手続きで、裁判所の許可を得て、まだ生きている事業をできるだけ早く譲渡することが行われます。裁判所の許可を得ますから、譲渡会社の株主総会決議を不要にできます。

82 子会社株式の譲渡と親会社の株主総会決議

一定の子会社株式譲渡には親会社の株主総会特別決議が必要

◉事業譲渡との関係

会社の帳簿上、総資産額の５分の１を超える事業を譲渡する場合は、株主総会の特別決議が必要です（467条１項２号）。会社経営や会社所有者たる株主の利害に与える影響が大きいからです。株主総会の特別決議とは、原則として株主の議決権の過半数を有する株主が出席し、その議決権の３分の２以上にあたる賛成で成立する決議です。

それでは、会社が、その子会社の株式を譲渡するのであれば、子会社株式の帳簿上の価額にかかわらず株主総会の承認は不要でしょうか。子会社株式の譲渡が事業譲渡と同じ効果を生じる場合があることを考えると、承認不要とするのではバランスを失しています。

◉一定の場合は株主総会決議が必要

この点については、平成26年（2014年）改正で、子会社の株式を譲渡するときでも、次の場合は株主総会の特別決議が必要としました（467条１項２号の２、309条２項11号）。

それは、

①譲渡する子会社株式の親会社の帳簿上の価額が、親会社総資産額の５分の１を超え、かつ、

②当該譲渡によって、親会社が子会社の議決権の過半数を有しなくなる場合です。

①は、事業譲渡において株主総会特別決議が必要とされる場合に合わせたものです。②が要求される理由は、事業譲渡と同様の影響を親会社に与えるのは、子会社株式の譲渡によって子会社の支配を失う場合だからです。

事業譲渡の場合と同じく、この株式譲渡に反対する株主には親会社（譲渡会社）に対する株式買取請求権が認められます（469条、470条）。

子会社株式の譲渡は比較的多く行われることから、手続的な注意が必要です。

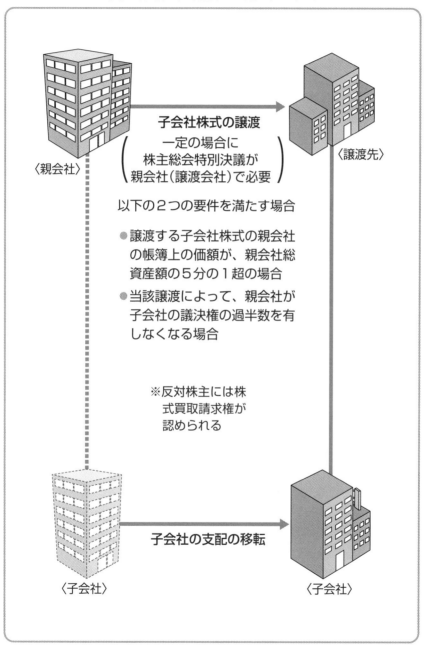

◆子会社株式を譲渡する際のルール◆

〈親会社〉

子会社株式の譲渡

（一定の場合に
株主総会特別決議が
親会社（譲渡会社）で必要）

〈譲渡先〉

以下の２つの要件を満たす場合

● 譲渡する子会社株式の親会社
の帳簿上の価額が、親会社総
資産額の５分の１超の場合

● 当該譲渡によって、親会社が
子会社の議決権の過半数を有
しなくなる場合

※反対株主には株
式買取請求権が
認められる

〈子会社〉

子会社の支配の移転

〈子会社〉

83 純粋持株会社、株式交換、株式移転

◉純粋持株会社の特徴

独占禁止法９条は、事業支配力が過度に集中する場合を除いて、純粋持株会社（他社の株式を保有し他社を支配することを主たる事業とする会社）の設立を認めています。これを受け会社法は、完全親子会社（ある会社〈親会社〉が他社〈子会社〉の株式を100％保有する関係の会社）を容易につくれる手法を認めています。それが株式交換・株式移転です。

この手法を利用して、複数の会社が純粋持株会社のもとに結集する形のグループ企業になる例が数多くあります。純粋持株会社（親会社）の主たる収入源は子会社からの配当です。

純粋持株会社のメリットには、①グループ企業の戦略立案に集中できる、②子会社も別会社なので経営責任が明らかになる、③研究機関など大きな投資を共有できる、④社風の違う会社同士がわざわざ合併しなくても、統一ブランドでビジネス展開ができる等があります。

◉株式交換で完全親子会社をつくる

株式交換とは、既存会社を、他の既存会社の100％子会社にする手法です。完全親子会社をつくるためには、ある会社（以下「Ｂ社」）の株式すべてを、他社（以下「Ａ社」）の所有にしなければなりません。そのため、Ｂ社の株主に、Ｂ社の株式との交換として、Ａ社の株式が与えられるのです。これによって、Ｂ社はＡ社の100％子会社となり、それまでのＢ社の株主は、Ｂ社の100％親会社となったＡ社の株主となるというわけです。

手続きは、Ｂ社の株主にＡ社の株式をどれくらい与えるかや株式交換日などを記載した株式交換契約書を作成し（767条、768条）、Ａ社とＢ社の双方で株主総会の特別決議による承認を得ます（783条、795条、309条）。その後、Ｂ社の株主から株券の提出を受けるなどして、株式交換日にＢ社の株主が所有していたＢ社の株式はすべてＡ社の所有となり、Ｂ社の株主にはＡ社の株式が与えられます。株式交換の対価は、金銭等でも可能です（768条１項２号）。

◆株式交換と株式移転◆

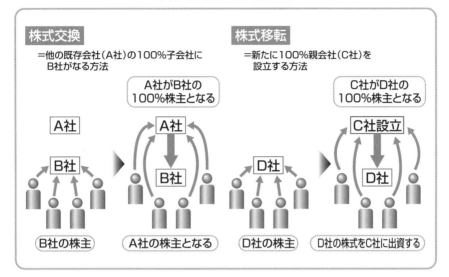

◉株式移転で新たに親会社をつくる

　株式移転は、まったく新たに設立する会社を、既存の会社の100％親会社にする手法です。イメージとしては、「Ｄ社の株主全員が、Ｄ社の株式すべてを現物出資してＣ社（親会社）を設立する。そしてＣ社が設立に際して発行するＣ社の株式を、現物出資者たるＤ社の株主に与える」というものです。

　手続きは、まずＤ社が、株式移転でＣ社を設立することに関する株式移転計画を作成し（773条）、これについてＤ社の株主総会の特別決議を経ます（804条、309条）。その後、Ｃ社の設立登記をすることで株式移転の効力が発生し、Ｃ社はＤ社の100％親会社となって、それまでのＤ社の株主は、Ｄ社の株式に代えて新会社であるＣ社の株主になります（774条）。

◉株主の保護

　株式交換または株式移転の決議を行う株主総会決議に反対する株主には、原則として株式買取請求権が与えられます（785条、806条）。子会社の新株予約権付社債による債務が親会社に移転する場合等は、債権者保護手続きも必要になります（789条、799条）。

84 会社分割とは どのようなものか

◉会社分割と事業譲渡との違い

会社分割は、会社の事業の全部または一部を他の会社に譲渡することです。事業譲渡との違いは、事業の対価が原則として株式である点、対価たる株式等を譲渡会社の株主に与えるパターンも可能な点、事業に関する権利義務が包括的に承継される点、労働者承継も画一的になされる点などです。会社分割は、事業譲渡を、事業に関わるあれこれの一括パッケージで（＝組織法的に）行うものです。

◉新設分割と吸収分割、物的分割と人的分割

会社分割には、新設分割と吸収分割があります。新設分割は、A社が新会社（B社）を設立して、これに事業を承継させるもので、吸収分割は、A社が他の既存の会社（C社）に事業を承継させるものです。

このいずれの場合にも、A社の事業の対価としてB社やC社の発行する株式等が、㋐A社自身に与えられる場合と、㋑A社の株主に与えられる場合があり、㋐を会社だけに株式が与えられるので物的分割、㋑を株式が株主に与えられるので人的分割と呼びます。

ただし、会社法は、この㋑の人的分割を「物的分割＋剰余金の配当」として扱い（758条8号ロ、763条12号ロ）、人的分割自体の規定は置いていません。

◉新設分割の手続き

A社は分割計画書を作成し、株主総会の特別決議を経ます（804条、309条）。分割計画書には、新設会社の目的や商号、新設会社が承継する債権債務や雇用契約その他の権利義務の内容、新設会社成立の日に対価たる株式をA社の株主に配当するときはその旨などが記載されます（763条）。

分割に反対する株主には株式買取請求権が認められます（806条）。また債権者保護手続きとして、異議がある債権者には弁済等の措置がとられます（810条）。新設分割は、新会社が設立登記をすることで効力が生じ、新設分割計画の内容で新設会社はA社の権利義務を承継します（764条）。

◆新設分割と吸収分割◆

会社分割とは、事業譲渡を組織法的に行うこと
（事業に関する権利義務が包括的に承継される）

新設分割
新会社を設立して、
そこに事業を承継させる

吸収分割
既存会社に事業を
承継させる

●吸収分割の手続き

　新設分割での分割計画書に相当するものとして、分割契約書を作成し（757条）、A社とC社の双方の株主総会で特別決議を経ます（783条、309条）。分割契約書の記載事項は、分割計画書とほぼ同様で、反対株主には株式買取請求権が認められ（785条）、債権者保護手続きも必要です（789条）。吸収分割の効力は、分割契約で定められた日に発生します。なお、吸収分割の事業の対価は、株式だけでなく金銭等でも可能です（758条4号）。

●労働者の承継

　従業員（労働者）の処遇は、労働者承継の必要性と労働者の合理的な期待を調和させるために、「会社分割に伴う労働契約の承継等に関する法律」で定められています。承継される事業の主たる従事者で、分割計画書または分割契約書（以下「分割計画書等」）に労働契約も承継されると記載されている者は、その者の同意なく労働契約も承継されます。主たる従事者で承継が分割計画書等に記載されていない者は、異議を申し立てて労働契約を承継させられます。逆に、主たる従事者ではないのに分割計画書等に承継される記載がある労働者は、異議を申し立てて、元の会社に残れます。

85 簡易組織再編と略式組織再編

◉簡易組織再編

　合併や会社分割、株式交換は、当事者双方の会社で株主総会の特別決議を必要とするのが原則です。株主の重大な利害に関わるからです。

　しかし、これらの対価が、吸収合併の存続会社（相手を吸収する側）や、会社分割で事業を承継する会社、あるいは株式交換で親会社となる会社という対価を払う側（以下「存続会社等」）の株式数や資産に比して、それほど大きくない場合は、支払いが存続会社等の株主に大きな影響を与えません。ですから、わざわざ存続会社等の株主総会決議を経るまでの必要がありません。大企業が中小企業を吸収するときに、必ず大企業の株主総会決議が必要とまでいえないのと同じです。むしろ組織再編の機動性が重要になります。

　そこで、次の場合には存続会社等の株主総会決議は不要とされます。簡易組織再編といわれるもので、①対価として払われる存続会社等の株式の数に、存続会社等の1株当たりの純資産額を乗じて得られる金額、②株式以外の財産が相手方に交付される場合はその財産の存続会社等における帳簿価額等、これら①②の合計額が存続会社等の純資産額の20％以下であれば、存続会社等での株主総会決議は不要です。要するに、対価が、存続会社等の純資産の20％以下なら、存続会社等では総会決議がいらないわけです（796条2項）。

　ただし、株式譲渡制限会社では、株主が会社支配に関心が高いうえ、対価に自社株を使用する組織再編が行われる場合は会社支配への影響があり得るので、この場合は、やはり株主総会の特別決議が要求されます（796条2項ただし書き）。

◉略式組織再編

　吸収合併、吸収分割、株式交換の契約が、A社（被支配会社）とB社（A社の総株主の議決権の90％以上を有する会社＝特別支配会社）の間で締結されるときは、A社（被支配会社）では株主総会決議が不要です。被支配会社の株主意思は明らかなので、わざわざ株主総会を開く必要がないからです。これが略式組織再編です。ただし、A社（被支配会社）が株式譲渡制限会社

◆株主総会決議が不要な組織再編◆

> 合併や会社分割、株式交換は、当事者双方の会社で株主総会の特別決議を必要とするのが原則

《例外》

簡易組織再編

対価が存続会社等の純資産額の20%以下の場合、存続会社等での総会決議は不要。

略式組織再編

総株主の議決権の90%以上を有する特別支配会社との合併等の場合、被支配会社での総会決議は不要。

※ただし、株式譲渡制限会社の株式発行を伴う組織再編の場合は株主総会の特別決議が必要。

で、同社が組織再編後に存続する会社となって対価に自社株を使用する場合は、簡易組織再編の場合と同じ理由で、株主総会の特別決議がやはり要求されます（784条1項、796条1項）。

●差損を生じる吸収合併等も可能

　差損を生じる組織再編の場合、すなわち、消滅する会社から承継する債務額が、承継する資産額より大きい場合であっても、吸収合併、吸収分割、株式交換は可能です（795条2項）。このような場合、存続会社の資本の充実を害するおそれもあるのですが、「形式的な資本充実に拘泥してもあまり意味がない」という、会社法の考え方が表われているといえます。経営判断を広く認めようとしているのです。

　ただし、このような場合は、株主に問うのが適切ですから、簡易組織再編に当たる場合でも、株主総会特別決議を省略できません（796条2項ただし書き）。略式組織再編では、特別支配会社（被支配会社の株主）の意思が明らかなことに変わりはありませんから、他の場合と同様、株主総会決議を省略できます。

86 組織再編の差止め

◉差止めの必要性

　会社の合併、会社分割、株式交換、株式移転を総称して組織再編といいます。組織再編には、原則として当事者である会社すべてで株主総会特別決議が必要等、さまざまなルールがあります。しかし、現実にはルールに違反して組織再編が行われる場合もあり、株主総会の議事録だけがつくられている場合もあります。

　平成26年（2014年）改正までは、そのような場合でも組織再編の事前差止めを認める明文規定はありませんでした。例外的に、事前差止規定があったのは、一方の企業が他方の企業の議決権の90％以上を保有する場合に行われる組織再編（略式組織再編）についてだけでした。それ以外の組織再編では、反対株主は、株式買取請求権行使や、組織再編の効力が生じた後になって組織再編無効の訴え（828条7号等）を起こすことが原則的な方法でした。

◉差止対象

　しかし、組織再編の効力発生後に無効とすることは、法律関係を錯綜させます。むしろ、事前差止めを認めるほうが合理的です。

　そこで、平成26年（2014年）改正から、略式組織再編以外の組織再編についても、事前の差止請求が可能となりました。この差止請求は、組織再編が法令または定款に違反する等の場合に、組織再編により不利益を受けるおそれがある株主が行うことができます（784条の2、796条の2、805条の2）。

　株式買取請求での買取価格も、この差止請求をして会社と交渉することで、より適正な価格を実現できる可能性があります。この場合は、買取請求をする全株主がその利益を受け得ると考えられます。

◉簡易組織再編及び事業譲渡の場合

　しかし、簡易組織再編に該当する場合（784条2項、796条2項、805条）には、原則として、差止請求は認められません（存続会社の株主につき796条の2）。略式組織再編については、平成26年（2014年）改正前と同じく、差止請求が認められています。

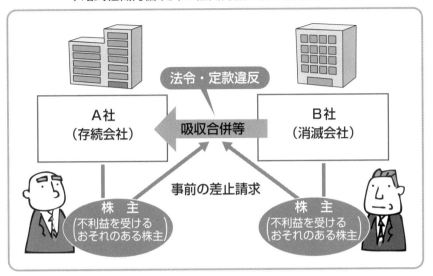

◆略式組織再編以外の組織再編も差止請求できる◆

法令・定款違反

A社
（存続会社）

吸収合併等

B社
（消滅会社）

株　主
（不利益を受ける
おそれのある株主）

事前の差止請求

株　主
（不利益を受ける
おそれのある株主）

　理由は、簡易組織再編に該当するのは、存続会社の資産規模に比べて消滅会社に支払われる対価の規模が小さい場合です。そこで、そのような場合まで事前の差止めを認めるのは、組織再編の機動性を奪うと考えられたからです。逆に、略式組織再編に該当する場合は、90％以上の支配権を有する会社とその被支配会社の組織再編ですから、有無を言わさず行われる場合が想定され、そこに違法が生じやすいという構造があるからです。

　次に、事業譲渡は、組織再編というよりも事業の売買行為なので、会社に著しい損害が生じるおそれがあるときに認められる取締役の行為の差止請求（360条）で対応することになります。

●仮処分

　差止手続きは、迅速を要するため、仮処分手続きで行われます。通常の裁判の前に、迅速に仮の結論をいったん出しておく手続きです。組織再編がいったん差し止められれば、会社やその関係者に大きな影響が生じます。組織再編の手続等には十分な注意が必要です。

87 株式取得、TOB、MBO

会社の支配を獲得する

●株式取得による企業買収

　言葉どおりの「企業買収」は、その会社の株式を買い占めてその会社を支配してしまうことです。取締役は株主総会で株式数による多数決で選ばれますから、株式買占めは会社支配に直接つながります。株式は、上場会社なら証券市場の市場価額で、そうでない会社なら会社価値を基準に購入するのが原則です。

　ただ、上場会社の株式でも、例外的に株式市場外で取引することも可能です。そのときは、公正を確保するため、原則としてTOB（Take Over Bid：株式公開買付け）によらねばなりません（金融商品取引法27条の2）。

●M&Aの手段としての株式取得の特徴

　M&Aが株式取得によって行われる場合、株主が変わるだけで、対象会社の事業や財務は変わりません。それゆえに、デュー・ディリジェンスで簿外債務等を発見しても、事業譲渡のようにそれを除外できません。他方、100％の株式を取得しなくても、3分の1を超えれば特別決議を阻止でき、過半数の取得で取締役の選任解任等が、また3分の2の取得で特別決議が可能になるので、株式をすべて買わなくてもよく、その意味で買収資金が節約できます。なお、上場会社の少数株主を完全に排除して100％株主になるのは、株式市場やTOBでの株式取得という手法だけでは事実上困難です。

　株式取得は、M&Aの手法のなかで、もっとも簡単なものです。売主と買主の合意（株券発行会社では、これと株券の交付）だけで効力が生じます。ですから、TOBが強制される場合や、株式取得対象会社の国内売上げが50億円を超える等のため独占禁止法による事前届出が強制される場合を除き、手続きは非常に簡単です。

●TOBとは

　TOBとは、株式公開買付けのことです（金融商品取引法27条の2以下）。上場会社等の株式を、取引所の市場外で買い付ける場合は、原則としてこれによらねばなりません。例外として、10人以下から買い付ける場合等には、

ＴＯＢによる必要はありませんが、そのようなときでも、取得後の株式所有割合が３分の１を超える場合はＴＯＢが必要です（同法27条の２第１項４号）。

　手続きは、まず買付者が、対象会社、買付期間、買付価格などの買付条件を公開して広く勧誘します（開始公告：同法27条の３）。開始公告と同時に、買付者は、内閣総理大臣に公開買付届出書を提出します。ＴＯＢ期間は開始公告の日から20日以上60日以内です。すべての株主に同じ条件で勧誘しなければならず、また、買付者は、開始された公開買付けを撤回できません。

　ＴＯＢ手続きが強制される理由は、市場外で上場会社の株式が取り引きされる場合は、透明性を欠き不公正の温床になりやすいのでこれを防ぐためです。

◉ＭＢＯとは

　ＭＢＯ（Management Buy-Out）とは、対象会社の経営陣自身が、その会社の株式や事業を買い取ることです。といっても、経営陣だけの資力で買い取るのは困難ですから、典型例は、経営陣とベンチャーキャピタルが共同で出資して設立した会社が、対象会社の資産を担保に金融機関から借入れをし、これら出資金や借入金で、対象会社の株式や事業を買い取るというものです。ノウハウを熟知した経営陣が、自ら会社を支配することで、上場や株価上昇に向けた経営のインセンティヴを極大にして事業を行おうとするものです。

◉株式交付による子会社化

　Ａ社が、自社の株式を対価としてＢ社株式を取得することでＢ社を子会社化する方法として株式交換手続きがあります。しかし、この手続きは、Ｂ社の発行済株式100％を取得しなければならず（２条31号）、たとえば51％取得して子会社にしようとするときは使えません。そこでＡ社は、Ｂ社株主からＢ社株式の現物出資を受ける手続きを取らざるを得ません。しかしこの手続きであっても、裁判所への検査役選任請求が必要となる等の負担が生じます。

　そこで令和元年改正会社法は、株式交付という、いわば部分的株式交換制度を新設しました。Ａ社は、株式交付計画を作成することなどで、Ａ社株式を対価とし、Ｂ社株式の100％未満の割合を取得してＢ社を子会社にすることができるようになりました（２条32号の２、774条の２以下）。

88 敵対的買収に対する防衛策（1）

●敵対的買収の手法

　定款で特別な定めがない限り、3分の1を上回る株式で合併等に必要な特別決議を阻止でき、過半数で取締役等を選任・解任でき、3分の2で特別決議ができます（309条）。上場会社では、3分の1よりさらに小さい10%程度であっても、株式が分散しているため相当の発言権を取得できます。一定の株式を取得すれば、会社支配を左右できるのです。

　株式取得以外のM＆A手段である合併、吸収分割、株式交換は、対象会社の株主総会の特別決議が必要ですから、友好的M＆Aの手法です。株式の発行を特定の者に行う第三者割当増資も、会社が対象者を決めますから友好的な手法です。事業譲渡も、自由な契約ですから同じです。

　敵対的買収といわれるM＆Aの手法は、基本的には、株式取得（買占め）なのです。なお、株式譲渡制限会社では、株式が流通しませんから、敵対的買収もまずありません。

●安定株主

　伝統的な敵対的買収の防衛策として、株式を持ち合うなどして安定株主を得ておき、多数派を形成しやすくしておく手法があります。取引先や金融機関、従業員持株会などに株式を保有してもらったり、その会社も取引先等の株式を所有するなどして、友好的な安定株主を得るやり方です。しかし、所有株式を高値で買い取ると提案されたのに、経済的合理性なく経営陣の要請に従って拒否すればよいとすることは、株式所有会社の株主の利益に反するという批判があります。この防衛策が、無批判に成り立つわけではありません。

●さまざまな防衛策

　その他にも、以下述べるように、さまざまな防衛策があります。特に、平成17年（2005年）春に起きたライブドアによるニッポン放送に対するフジテレビを巻き込んだ敵対的買収のケースは、防衛策への関心を一気に高めました。他方で、経産省・法務省による買収防衛策指針や平成27年（2015年）に

◆防衛策はいろいろある◆

- ●安定株主の取得
- ●第三者に新株や新株予約権を発行する
- ●ポイズンピル
- ●黄金株
- ●取締役の任期満了時期をずらしておく

- ●取締役の解任や合併・事業譲渡等のための株主総会の決議要件を定款で加重しておく
- ●増配
- ●事業計画の株主への説明
- ●会社の時価総額を高める

などなど

策定されたコーポレートガバナンス・コードは、防衛策が濫用されないよう求めています。

◉第三者に新株または新株予約権を発行する

　株式を買い占められたときに、友好関係にある第三者に新株を大量に発行すれば、買収者の支配権を薄められます。新株予約権を発行し予約権を行使してもらっても、同様の効果を得られます。会社は、新株や新株予約権の発行を取締役会決議で決められます（201条、240条）。

　しかし、それゆえこの方法は、会社（＝株主）の利益のためではなく、現経営陣等の支配維持を目的になされる場合があります。そこで、そのような場合は「著しく不公正」として、当該新株や新株予約権発行が差止めの対象になります（210条、247条）。経営陣は株主から委託を受けた者で、経営陣のために会社があるわけではないからです。ライブドアvs.ニッポン放送の際も、裁判所は、これを理由にニッポン放送の新株予約権の発行を差し止めました。

　また、あまりに安い価額で第三者に新株等を発行すると、株式の価額が低下して株主に損失を与えます。そこで、特に有利な（安い）価額での発行には、株主総会の特別決議が必要となることにも注意が必要です（309条2項5号、6号）。

89 敵対的買収に対する防衛策（2）

◉ポイズンピルとは

いわゆるポイズンピル（Poison pill＝毒薬条項）とは、敵対的買収に備え、あらかじめ新株予約権を発行し、買収者がたとえば15％まで株式を買い占めた場合は、新株予約権を行使し発行済株式数を増やすことで、買収者の支配権を薄める、というものです。事前に既存株主に権利（Right）を与えるプラン（ライツプラン：Rghts plan）を内容とする防衛策です。

しかし、もし新株予約権の行使が、新株予約権者の判断だけでなされるのなら、"いざ鎌倉"というときに必要な数の新株予約権の行使がなされないおそれがあります。そこで会社法は、取得条項付新株予約権を、取締役会決議で発行できるとしています（236条1項7号、240条）。これは発行の段階で、一定の事由が生じた場合には、当然に会社が新株予約権を取得できると定めておくものです。その取得の対価に会社の株式を充てれば（236条1項7号ニ）、会社は強制的に新株予約権を行使させたことになります。その一定の事由も取締役会で決めることができます（273条）。ただし、現経営陣の支配維持に濫用されることを防ぐため、経産省と法務省が発表した買収防衛策指針は、強制力はないものの、株主総会特別決議を経て導入することなどを定めています。

◉黄金株とは

黄金株とは、拒否権付株式のことです。防衛効果が大きいため、この名称が与えられています。会社は、定款で、株主総会や取締役会の決議事項が可決されるには、これらの決議に加えて、ある株式をもつ株主による株主総会（種類株主総会）の決議も必要と定めることができます（108条1項8号）。

取締役の選任や解任、合併、事業（営業）譲渡などに種類株主総会の決議も必要としてしまえるわけで、これは拒否権を与えたのと同じです。黄金株を友好株主にあらかじめ発行しておけば、敵対的買収者が現われても、取締役を選べなかったり、事業譲渡ができなかったりするのです。そのうえ会社法は、ある種類株式のみに譲渡制限（譲渡に会社の承諾を要すること）を付

◆株式の発行による防衛策◆

 ポイズンピルとは
あらかじめ株主に新株予約権を発行しておき、買収者が買い占めてきたときに、新株予約権を行使して買収者の支配権を薄めること

 黄金株とは
取締役の選任・解任、合併や事業譲渡等の決議について拒否権をもつ株式のこと
これを発行しておくことで、買収者による会社支配を妨げることができる

けることも認めます（108条1項4号）。黄金株だけを譲渡制限株式にできるわけで、買収者による黄金株主への高値による誘惑もシャットアウトできます。

　このような黄金株が、経営陣の保身に濫用されないよう、上記買収防衛策指針は、上場会社が導入するには慎重であるべきとしています。

◉取締役の解任や合併等の決議要件を加重する

　取締役の解任は株主総会の普通決議でできます。しかし、定款でその要件を重くすることも可能です（341条）。合併や事業譲渡等に必要な株主総会の特別決議の要件も重くできます（309条2項）。これをしておけば、買収者が会社の支配権を実際に行使することを困難にできます。

◉その他の地道な努力

　その他、地道ながらも、「増配で既存株主の株式所有意欲を高める」「事業計画を株主にわかりやすく説明することで、買収者より企業価値を高めてくれる期待を株主から得る」「自社株取得で株式価値を向上させる」「適切な株主優待の実施」等、委託者たる株主の信頼に応える受託者としての当たり前の努力が、株主の信頼を高め、会社のファンをつくり、経営者にとっても、株主にとっても、買収防衛策としても、重要ということができるのです。

90 債権者を害する会社分割や事業譲渡に対する規制

◉濫用的会社分割

　会社の事業を別の会社に譲渡する組織的な手続きが会社分割です。近時、この会社分割を濫用して債権者を害するケースが現われていました（濫用的会社分割）。たとえば、新会社をつくってそこに利益の出る事業を譲渡する。それまでの会社（以下「旧会社」）の銀行等の債務は、新会社に引き継がず旧会社だけが負担する。そのうえで旧会社は破産させる、などです。

◉濫用的会社分割への規制

　そこで平成26年（2014年）会社法によって、会社分割によって、事業の譲渡を受ける新設会社や既存会社（以下「事業承継会社」）には請求できなくなる債権者（以下「残存債権者」）を害することを知って、会社分割がされた場合は、残存債権者は、事業承継会社に対し、承継した財産の価額を限度として債務の履行を請求できることとされました。ただし、残存債権者が、このような会社分割が行われたことを知ったときから2年以内に請求や請求の予告をしないと、この権利行使ができなくなります（759条4項、6項、761条4項、6項、764条4項、6項、766条4項、6項）。

　「債権者を害することを知っている」という要件は、新設会社へ事業承継する場合は、旧会社だけに要求され、既存会社へ事業承継する場合は、旧会社及び事業承継会社双方に要求されます（759条4項ただし書き）。

　旧会社が破産、民事再生、会社更生に至ったときは管財人等が否認権等の倒産法による規定で対応しますから、残存債権者は、この会社法上の権利を行使できません（759条7項）。

◉残存債権者が事業承継会社に請求できる範囲

　残存債権者が請求できることは、会社分割自体を取り消すことではなく、事業承継会社に対し、承継した財産の価額を限度として、残存債権者がその債権を請求できるというものです。ここに特徴があります。

　そこで「承継した財産の価額」がどのような範囲かが問題となります。事業承継会社は、財産だけでなく債務も承継するのが通常だからです。この点、

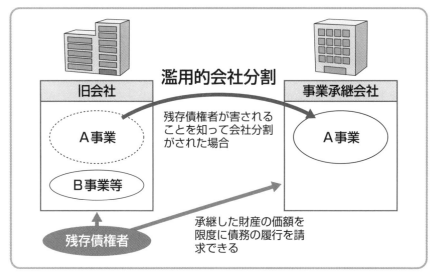

◆濫用的会社分割への規制◆

濫用的会社分割

| 旧会社 | 事業承継会社 |

A事業 → A事業

残存債権者が害される
ことを知って会社分割
がされた場合

B事業等

残存債権者

承継した財産の価額を
限度に債務の履行を請
求できる

第3章 株式会社──〔第6節〕組織再編とM&A

その範囲は、財産から債務を差し引いた残額ではなく、承継した財産自体の価額と考える説が有力です。

◉第二会社方式

事業再生において、会社分割等を使って別の会社に利益の出る部門を移して事業を再建する、いわゆる第二会社方式が採られることがあります。この方法に対しても、濫用的会社分割に関する会社法の規制が適用されますから、残存債権者を害しない第二会社方式とはどのようなものかが問題となります。

この点については、第二会社方式を採らなければ倒産するという状況があり、会社分割等をせずに破産したときに比べれば、会社分割等をしたときのほうが残存債権者に対する弁済が多くなる、すなわち、清算価値の保証がなされていれば、残存債権者を害するとはいえないと考えるべきです。

◉事業譲渡に対する規制も同様

事業譲渡についても、会社分割と同様に債権者を害する場合があり得るため、会社分割と同様の規制が置かれています（23条の2）。

91 株式会社のつくり方

◉発起人が定款を作成する

　株式会社をつくるには、まず、会社設立の企画者である発起人が、定款を作成します（26条）。定款は、会社の根本規則で、会社の目的、商号、本店所在地、設立に際して出資される財産の価額、現物出資がなされる場合はその価額等が記入されます（27条、28条）。この定款は、公証人の認証を受けなければ効力を生じません（30条）。

　会社が成立する時点は、設立登記がされたときです。出資される財産の価額に対応してどれくらい株式を発行するかは、この設立登記までに決めます。発起人は、そのときまでに、全員一致で、会社の発行可能な株式総数を定め、これを定款に記載します（37条1項）。設立の際に実際に発行される株式数は、発行可能な株式総数の4分の1以上の数で決めます（37条3項）。

　ただし、株式譲渡制限会社（すべての株式に譲渡制限をつけている会社）では、設立の際に発行する株式数は、発行可能株式総数の4分の1未満の数でもかまいません（37条3項）。

　発起人の人数は、1人でも複数でもかまいません。設立する際の出資の最低額は1円です。0円ではありません。設立に際して出資される財産の価額が定款の記載事項としてあげられているからです（27条4号）。ただし、設立後の減資では、資本額を0円にすることが可能です（447条2項）。

◉発起設立と募集設立がある

　設立手続きには2種類あり、上記以外の手続きについて区別されます。2種類とは、設立の際の発行株式総数を発起人のみが引き受ける「発起設立」と、発起人はその一部を引き受け、他は別に株主を募集する「募集設立」です。

（1）発起設立の場合

　発起人が、設立時に発行する株式総数の発行価額の払込みを銀行等で行います（34条）。払込みをしない発起人は株主となる権利を失います（36条）。その後、発起人が設立時の取締役等を選任し（38条）、現物出資等がある場合は、定款に記載された評価額が500万円以下であるときなど一定の場合を

◆株式会社の設立手続きの流れ◆

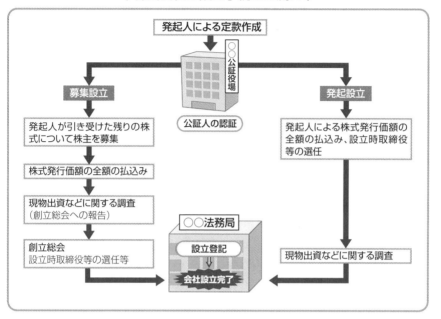

除いて、評価の適正を調査させるため、裁判所に検査役の選任を請求しなければなりません（33条）。その後、設立登記がなされることで会社は成立します（49条）。この登記手続きにおいて、出資を証する書面として預金通帳の写しや残高証明書を提出しなければなりません。

（2）募集設立の場合

　発起人が引き受けた残りの株式について、他に株主を募集し（57条以下）、発行価額を払い込ませたうえで（63条）、創立総会を開きます（65条）。創立総会で設立時取締役等が選ばれ、現物出資などに関する調査が行われ、創立総会での報告を経て（93条）、設立登記がなされることで、会社が成立します（49条）。募集設立では、発起人以外の者からも出資がされるので、会社が本当に払込みによる資金を有してスタートしたかは、特に発起人以外の出資者にとって関心事です。そこで、発起人は銀行等に払込証明書の交付を求めることができ、これを交付した銀行等は、証明書に反して払込みがなかったとしても、設立された会社からの払戻請求に応じなければなりません（64条）。

92 現物出資・財産引受け・事後設立

◉現物出資・財産引受けとは

不動産や債権、特許権など、金銭以外の財産を会社に出資することを「現物出資」といいます。また、会社が、設立手続中に、将来会社が成立することを条件に、特定の財産（たとえば工場や事務所など）を譲り受ける契約をすることを「財産引受け」といいます。

◉資本充実の原則に反しないか

現物出資において目的物の財産的価値が不当に高く評価されていたらどうなるでしょうか。たとえば、実際には1,000万円の価値しかない土地が2,000万円と評価された場合、会社に2,000万円の出資がなされたかのように扱われ、それに相当する株式を取得した人がいます。しかし、実際には1,000万円の出資しかなく予定した会社財産は満たされていません。2,000万円という貸借対照表の評価額も虚偽ということになります。これでは、資本額に相当する財産が実際に会社に拠出されなければならないという資本充実の原則に反します。

財産引受けについても、目的物が不当に高く評価されていれば、設立後の会社が不当に高い買い物をしなければなりません。やはり、会社の財産的基礎を危うくしてしまいます。

そこで会社法は、現物出資と財産引受けについて、設立の際、定款に目的物の価額等を記載しなければ効力を有しないとしたうえ（26条、28条1号、2号）、次の例外を除いては、現物出資や財産引受けに関する定款の記載が適正なことについて、裁判所の選任する検査役の調査を受けなければならないとしています。例外は以下の3つです（33条10項）。

- 定款に記載された価額総額が500万円を超えない場合
- 市場価格のある有価証券で、価額が市場価格を超えない場合
- 価額が相当なことについて弁護士、公認会計士、監査法人、税理士等の証明（不動産には、さらに不動産鑑定士の鑑定）を受けた場合

これらの場合は、価額が小さかったり、適正金額が容易に判明したり、弁

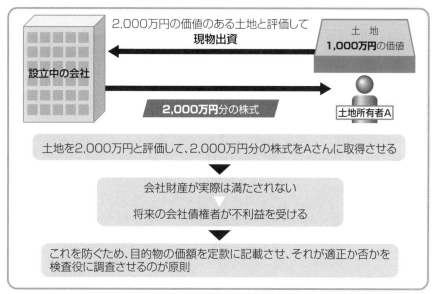

◆現物出資についてチェックする◆

2,000万円の価値のある土地と評価して
現物出資

設立中の会社

土　地
1,000万円の価値

2,000万円分の株式

土地所有者A

土地を2,000万円と評価して、2,000万円分の株式をAさんに取得させる

会社財産が実際は満たされない

将来の会社債権者が不利益を受ける

これを防ぐため、目的物の価額を定款に記載させ、それが適正か否かを検査役に調査させるのが原則

護士等の責任ある証明がされているので、検査役の調査は不要とされます。

◉事後設立とは

　会社成立後2年以内に会社成立前から存在する事業用財産を取得する行為で、取得対価が会社の純資産額の5分の1を超えるものを「事後設立」と呼びます。わかりにくい呼び方ですが、会社設立の直後に大きな規模で事業用財産を取得するのは、会社設立後に実質的に会社を立ち上げるようなものですから、こう呼ばれます。

　これについても、目的財産の評価が不当に高いと、設立間もない会社の財産的基礎を危うくします。そこで会社法は、事後設立について株主総会の特別決議を必要とし、それがなければ無効とします（309条、467条1項5号）。

　事後設立の場合は、現物出資等と異なり、検査役の調査は要求されていません。なぜなら、事後設立は会社が設立された後に事業用財産を取得するというものですから、会社設立後さっそく事業譲渡を受けるような場合も含みます。そのような場合は機動性が要求されますから、会社法は、その機動性と財産的基礎を守る要請の折衷策として、検査役の調査は不要だが、株主総会の特別決議は必要としたのです。

93 設立費用

◉設立費用の負担

　会社を設立するには、さまざまな費用がかかる場合があります。設立事務所の賃借料、株式申込証の印刷費、株主募集の広告費、創立総会招集費用などです。このような費用（設立費用）は、いったい誰が負担することになるのでしょうか。

　まず、会社設立中は、まだ会社ができていないのですから、設立事務所の賃貸借契約などを実際に行うのは発起人です。したがって、さしあたって支出しなければならないものについては、発起人が個人的に支払うことになります。しかし本来、この支出は会社設立のための費用ですから、会社が成立した後、すなわち設立登記後は、発起人はこれらの負担分を会社に請求できるはずです。ただ、設立費用の名のもとに、発起人への無制限な支払いを許してしまうと、発起人のお手盛りを許すことになり、会社の財産的基礎を危うくします。

　そこで会社法は、設立費用ついて、定款認証の手数料等、会社に損害を与えるおそれがないものを除いては、定款に記載し、かつ、裁判所の選任する検査役の調査等の手続きを経なければ、発起人は会社に請求できないとしています（28条4号、33条）。

◉未払いの設立費用を誰に請求すべきか

　それでは、会社が成立した後も、まだ発起人が支払っていない設立費用について、債権者は直接会社に請求できるのでしょうか、それとも、やはり契約をした発起人個人に請求しなければならないのでしょうか。

　この点については意見が分かれ、以下の3つの考え方があります。

①会社成立後は会社に対して請求すべきであり、会社は定款に記載がなかったか、または検査を通らなかった分について発起人に会社への支払いを請求できる

②発起人に対してだけ請求できる。発起人は、定款に記載されかつ検査に通った分のみを会社に請求できる

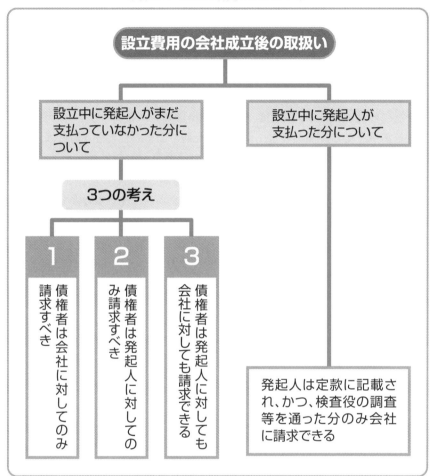

◆誰が、どこに請求できる？◆

設立費用の会社成立後の取扱い

設立中に発起人がまだ
支払っていなかった分に
ついて

設立中に発起人が
支払った分について

3つの考え

1
債権者は会社に対してのみ請求すべき

2
債権者は発起人に対してのみ請求すべき

3
債権者は発起人に対しても会社に対しても請求できる

発起人は定款に記載され、かつ、検査役の調査等を通った分のみ会社に請求できる

③会社設立後は、会社に対しても発起人に対しても請求できる

　①については、発起人に資力がなかったとき会社は発起人から検査に通らなかった分などを払い戻してもらえず会社財産が危うくなるという批判があり、②については、設立中は会社が存在しないから、たまたま発起人が債務を負っていただけで、会社設立後は設立費用を会社が直接負担するのが当然、という批判があります。

94 解散とはどのようなものか

会社を清算して法人格をなくすための出発点

◉解散とは

　会社には資産や負債、従業員、債権者や出資者等が存在します。ですから、会社を消滅させる、すなわち、会社の法人格をなくしてしまう場合は、これらをまず清算しなければなりません。その清算手続きのスタートが「解散」です。したがって、会社の法人格がなくなる時期は、解散したときではなく、その後において会社の清算が終了したときですから、注意が必要です。会社は、解散しても清算終了までは、清算目的で法人格をもち続けるというわけです。

　解散した会社は、事業の拡大や事業自体を目的とする行為はできません。できる行為は、現在行っている業務を終了させること、債権の取立てや債務の弁済、残余財産の株主への分配であり（481条）、いずれも清算終了に向けた行為です。債権者は、解散した会社に対しても債権の取立てをすることができます。

　会社が解散した場合は登記しなければならず、清算終了（結了）した場合も登記しなければなりません。

◉解散原因

　会社は、株主総会の特別決議で解散できるほか、定款で定めた解散事由の発生、破産手続きの開始決定、合併などによって解散します（471条）。破産の場合は破産管財人がその後の清算を行い、その他の場合は清算人によって清算手続きがなされ、それらの終了によって法人格が消滅します。

　例外として、合併の場合は解散と同時に会社は消滅し、法人格がなくなります。この場合は、解散会社は、これを吸収した会社または新設された会社の一部になるため、清算が不要だからです。

◉みなし解散

　休眠会社のみなし解散という制度があります。会社が活動を行わず放置されている場合に、法務局が職権で解散登記してしまうというものです。具体的には、その会社について最後の登記がなされてから12年を経過した会社が

◆解散によって会社がなくなるわけではない◆

会社は解散登記をすればなくなるのですか？

いいえ。
解散登記をしても
清算手続きが終わるまで
清算目的で存続します

何年間登記
しなければ
解散登記されて
しまうのですか？

最後の登記
から12年経過
した後です

休眠会社とされます。

　休眠会社に対しては、「事業を廃止していないという届出をせよ」という催告が官報に掲載されます。この官報への掲載から2か月経っても届出がされなかったときに、休眠会社は解散とみなされ、解散登記が法務局の職権でなされます（472条）。

　なぜ登記を基準に休眠会社と判断するかというと、会社は活動を継続していれば、取締役や監査役等についての就任や退任、重任等の登記が定期的に申請されていくはずです。それが長期間なされないということは、活動していないことを示しているからです。みなし解散までの期間が12年超と比較的長期な理由は、会社法が取締役等の任期を10年間にできる場合を認めているので、それに多少の余裕を上乗せしたというわけです。

　債務が多くて事業をやめてしまったとか、設立しただけで活動せずにそのまま放置されているという会社が実際にはたくさんあります。そのような会社は、この制度によって職権で解散登記をされることになります。

◉通常清算と特別清算

　株式会社が解散した場合は、必ず法律に従って清算手続きをしなければなりません（法定清算）。株式会社には、株主有限責任の原則があるため、債権者保護のため、清算を一定のルールに従って行う必要があるからです。

　会社法上の清算手続きは2種類あります。それは清算の結果、会社財産で債務を完済できないおそれがある（＝債務超過の疑いがある）場合に、裁判所の監督下で行われる特別清算（510条以下）と、そのような疑いがなく原則として裁判所の関与なしに行われる通常清算（475条以下）です。なお、会社が破産したときは、破産法に従って破産管財人が清算手続きを行います。

◉通常清算とは

　清算は清算人によって行われます。清算人には解散までの代表取締役がなるのが通常ですが、その他の取締役や株主総会決議で選任された者がなることもあります（478条）。清算に入った会社は、清算目的の行為、すなわち、現在の仕事の終了、債権の取立て、債務の弁済、及び残余財産の分配のみできます（476条、481条）。新株の発行や社債の発行等はできません。

　清算人は、解散時における会社の財産目録及び貸借対照表を作成し、株主総会で承認決議を得ます（492条）。また、債権者に対し債権の届出をするよう通知します（499条）。そして、資産を売却したり売掛債権を回収するなどし、会社財産で債務を弁済します。ただし、株主への財産の分配は、債権者に対する弁済を終了させた後でなければできません（502条）。株主は、投資をした会社の共同所有者ですから、債権の弁済を前提として会社に関わっている債権者より大きなリスクを負担するのです。

　清算手続きは、株主への残余財産の分配の後、清算人が決算報告を作成し、これに株主総会の承認決議を経て終了します（507条）。清算終了は登記されますが、登記された後に残余財産が発見された場合は、まだ清算手続きが終了していないとされ、清算が続行されることになります。

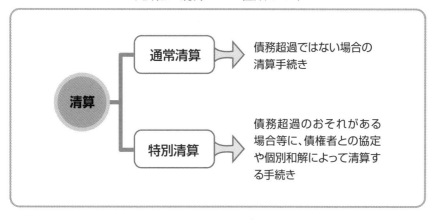

◆会社の清算には2種類ある◆

清算 → 通常清算 → 債務超過ではない場合の清算手続き

清算 → 特別清算 → 債務超過のおそれがある場合等に、債権者との協定や個別和解によって清算する手続き

◉特別清算とは

　特別清算は、会社の財産で会社の債務を弁済できない疑いがある場合に、清算人や債権者、株主等が裁判所に申し立て、裁判所が開始命令を出すことによってスタートする清算手続きです（510条、511条）。債務超過会社の清算手続きであり、裁判所の監督で行われる点で（519条）、破産手続きに似ています。破産手続きと大きく異なる特徴は、解散までの代表取締役等、会社の意思によって就任した清算人が手続きを行うこと（破産では裁判所の選任した破産管財人が行う）、清算人が、債務のカット率であるとか弁済期限の猶予などの弁済内容について協定案を債権者集会に提出することができ（563条）、出席債権者の過半数、かつ、債権額の3分の2以上の賛成で協定が成立するという点です（563条〜571条。破産手続きでは残余財産を債権者に機械的に配当する）。この協定には、担保権者の同意があれば担保権者も参加してもらうことができます（566条。破産手続きでは、担保権者は担保を実行する）。なお、特別清算手続きの中で、債権者と個別に和解を成立させて手続きを終了させる方法もあります。

　要するに、特別清算は、債権者の法定多数決や個別和解によって、柔軟に債務超過会社の清算を行う手続きなのです。

第 **4** 章

持分会社、有限会社

◎持分会社とは

◎持分会社の特徴は

◎合同会社の存在理由

◎合名会社はどんな会社か

◎合資会社の特徴は

◎有限会社は今でもある？

96 持分会社とは どのような会社か

合名会社、合資会社、合同会社の3つ

◉「持分会社」は会社法で創設された名称

会社法では、「会社」とは株式会社、合名会社、合資会社、合同会社の4種の会社のことを指します（2条1号）。そして、「持分会社（もちぶんがいしゃ）」とは、ここから株式会社を除いた残り3種、すなわち、合名会社、合資会社及び合同会社の総称です（575条1項）。会社は、社員（＝出資者）の出資で財産的基礎がつくられるところ、出資による社員の地位を、株式会社では「株式」と称し、持分会社ではいずれも「持分」と称します。

◉持分会社の特徴

持分会社の共通の特徴は、社員相互の内部関係のルールが、民法の組合（民法667条以下）に似ている点です。具体的には、原則として社員であれば誰でも業務執行権をもち（590条1項、3項）、業務執行の意思決定は、社員の頭数の過半数で行います（590条2項）。業務執行社員は、会社に対して善管注意義務（その職務に就く者に通常必要とされるレベルの注意義務）を負うとともに（593条）、原則として会社の代表者になります（599条）。利益や損失をどう分配するかも自由に定款で定められます（622条）。定款の変更は、定款に別の定めがない限り、総社員の同意が必要です（637条）。

これらのルールは、組織の構成員が少数で、互いに信頼関係がある場合に可能なことです。それが組合の特徴で、その特徴を有している会社が持分会社なのです。

◉株式会社との比較

株式会社はどうでしょう？　株式会社には、出資者（株主）が誰でも業務執行権や代表権をもつという原則はありません。出資者の頭数による多数決で意思決定がされることもありません。出資割合に応じて、議決権が与えられたり利益配当が行われるのが原則です。持分会社のように、たとえば「出資者Aさんだけに常に30％配当する」などと自由に決めることはできないのが原則です。株式会社は、個人的関係のない多数の出資者が集まることを予定した組織なので、組合のようなルールは適さないからです。

◆会社法が定める会社◆

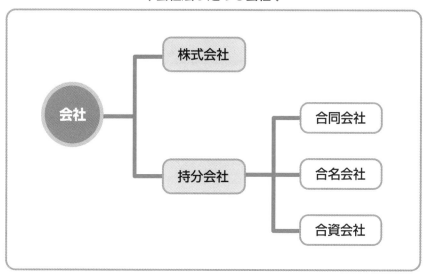

●社員の債権者に対する責任

持分会社の社員の会社債権者に対する責任態様は、3種類の会社でバラバラです。合名会社は、社員全員が無限責任を負います。会社の財産で足りなければ個人財産で会社債務を弁済しなければならない厳しい責任です。

合資会社では、無限責任を負う社員と、出資した財産分だけの範囲に責任が限定される有限責任社員が両方存在します。合同会社は、株式会社と同じで、有限責任社員のみが存在します。

●会社法の規定のしかた

会社法は、持分会社に共通する規律は全部まとめて規定しています（575条以下）。3種の会社ごとに章立てしていません。まとめて規定したうえで、有限責任社員の規定や、有限責任社員しかいない合同会社での利益配当規制、無限責任社員のいる合名会社、合資会社では、債権者を害する恐れが少ないので任意の方法で清算できる等の個別に必要な規定を置く方法を採用しています。

97 合同会社の特徴（1）

●特徴

合同会社は、出資者の会社債権者に対する責任は会社への出資を最大限とするけれども（有限責任）、構成員（出資者）は人的関係をもつ少数で構成され、その全員が経営に関与することができる会社です。平成17年（2005年）制定の会社法で創設されました。

この会社では、出資者全員が業務執行権限をもち、定款変更は出資者全員の同意が必要で、また出資者全員の同意があれば利益配分を誰にどれだけするかも自由です。合同会社は、米国のLLC（Limited Liability Company）に似ていることから、日本版LLCといわれることがあります。

合同会社の出資者も、合名会社、合資会社と同じく持分権者と呼びます。合同会社は、構成員の責任は株式会社と同様で、会社支配の方法は合名会社と同様というミックス形態会社なのです。

●合同会社の存在理由

合同会社が創設された理由は、①会社支配と、②責任と、③税務の3点にあります。

たとえば、映画製作などリスクの高いベンチャービジネスを仲間と手がけようとするとき、①信頼し合う持分権者全員の同意によって運営するとともに、たとえ出資額は同じでも、もっともビジネスに貢献した出資者がもっとも多くの利益配分を得るなど、株主平等原則と異なる会社支配を可能にする。けれども、②合名会社や合資会社の無限責任社員のように会社の債務に対して最後は個人資産で責任をとらされることを排斥する、そんな会社形態が求められたのです。

もうひとつ、③会社の損益に対する課税関係を会社を通過させて持分権者の課税関係に直接反映させること（パススルー課税）によって、ハイリスクなベンチャー企業に投資した場合のリスクの軽減などのメリットを享受できるようにすることも期待されました。設立した合同会社に損失が出ても、これを持分権者自身の損金と捉えることができるならば、持分権者の節税とい

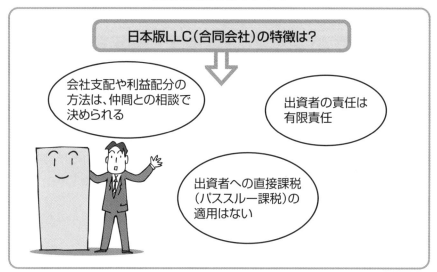

◆合同会社のポイント◆

日本版LLC（合同会社）の特徴は？

会社支配や利益配分の方法は、仲間との相談で決められる

出資者の責任は有限責任

出資者への直接課税（パススルー課税）の適用はない

う形で損失を吸収できるからです。

◉**合同会社の利用**

　しかし、①のような株主平等原則と異なる会社支配は、会社法のもとで、株式譲渡制限会社を利用することで相当程度、実現可能です。②その株式譲渡制限会社でも、出資者（株主）は有限責任しか負いません。そのうえ、③合同会社も法人であることに変わりはないのでパススルー課税は認められていません。日本版ＬＬＣは米国のそれと異なる存在になっています。

　他方で、会社法とは別の法律である有限責任事業組合契約に関する法律によって設立される**有限責任事業組合**（ＬＬＰ＝Limited Liability Partnership）は、組合という名前が対外的にどう受け止められるかという点はあるものの、合同会社と同様の有限責任などの特徴を有しながら、法人でないため、パススルー課税が認められます。

98 合同会社の特徴（2）

設立、ガバナンス、利益配当、持分譲渡、退社、定款変更

●設立

合同会社は、会社の目的、商号、本店の所在地、社員（持分権者）の氏名と住所、社員全員が有限責任であること、各自の出資額等を記載した定款を作成し（576条）、出資額を払い込み、本店所在地で登記することで設立されます。会社など法人も合同会社に出資し社員となることができます。

●ガバナンス

社員全員が業務執行権をもち、意思決定は社員の過半数で行うのが原則です。ただし、定款で業務執行社員を定めることができ（591条）、この場合、業務執行社員以外は、会社の業務と財産を調査する権限をもちます（592条）。

業務執行社員は、社員全員の承諾なしに会社の事業と同種の仕事ができず（競業避止義務：594条）、社員の過半数の承諾なしには会社と取引等できません（利益相反行為の禁止：595条）。業務執行社員が、故意または重過失で取引先等に損害を発生させたら、その社員は自己の出資額を超えて賠償責任を負わされます（597条）。対外的な代表権は、業務執行社員全員にあるのが原則です（599条1項）。ただし、定款で定めることで、社員の互選で業務執行社員のなかから代表者を選任することもできます（599条3項）。

●利益配当

利益配当は、各社員の出資価額割合によることが原則です。しかし、定款で定めることで、特定の者に多額に配当すること等が認められます（621条）。

また合同会社は、有限責任社員しかいないので会社財産を確保する必要があり、利益配当額の合計が配当期日に存する会社の利益の額を超えることはできません（628条）。あくまで利益の範囲でしか配当できず、元々ある会社資産を食いつぶすことは禁止されているのです。これに反した業務執行社員は、配当を受けた社員とともに、配当全額を会社に払い戻さねばなりません（629条）。

●持分譲渡

持分の全部または一部を他に譲渡するときは、定款に別の定めがない限り、

◆合同会社の原則◆

合 同 会 社

- ●持分の譲渡は、業務執行社員は社員全員の承諾が、非業務執行社員は業務執行社員全員の承諾が必要なのが原則

- ●退社は、やむを得ない理由があればいつでもできる

- ●持分の払戻しは、出資価額減少手続きが必要

- ●定款変更は、社員全員の同意が必要なのが原則

他の社員全員の承諾が必要です（585条1項、4項）。ただし、業務執行社員ではない社員は、業務執行社員全員の承諾があれば、その他の社員の承諾がなくても、持分の全部または一部を譲渡できます（585条2項、4項）。

◉社員の退社、持分の払戻し

社員は、6か月前に会社に通知することで事業年度の終わりに退社できます。また、やむを得ない理由があればいつでも退社できます（606条）。退社した社員は、持分払戻しを会社に請求できるものの（624条）、会社財産確保の必要から、定款を変更して自己の出資価額を減少する手続きができなければ、退社しても持分払戻しを請求できません（632条1項）。そのうえ、払戻額が資産から負債と資本額等を控除した残額（剰余金額）等を超える場合は、払戻しを請求できません（632条2項）。

◉定款変更

原則として社員全員の同意が必要です。ただし、定款で定めることで、より簡単な手続きにすることも可能です（637条）。

99 合名会社はどのような会社か

●合名会社とはどんな会社か

合名会社は、社員全員が会社債権者に対して無限責任を負う会社です（576条2項）。会社財産で会社の債務を完済できなければ、各社員が個人財産によって、会社債権者に対し、直接、連帯して、弁済しなければならないという重い責任を負います（直接無限連帯責任：580条1項）。信頼し合える人たちのみが集まって事業を行う形態の会社といえます。

社員全員が無限責任社員であるという点が、有限責任社員しかいない株式会社や合同会社、無限責任社員と有限責任社員双方が存在する合資会社と決定的に異なる点で、合名会社は、実質的には「組合」という言葉が適しています。会社等の法人でも、合名会社の社員になれます。

●運営はどうなっている？

各社員は、会社の業務執行権を有し、かつ、会社の代表権も有するのが原則で、会社の意思決定は社員の頭数の過半数で行われます（590条、599条）。定款によって、ある社員のみを業務執行社員とすることもでき（591条）、この場合、業務執行社員の頭数の過半数で意思決定をします（590条、591条）。代表権も、定款で特定の社員のみに与えられます（599条）。

社員が誰かは定款記載事項ですから、新たに誰かが入社するには定款の変更が必要で（604条2項）、定款の変更には、原則として社員全員の同意が必要です（637条）。また、持分を他に譲渡する場合も、原則として他の社員全員の同意が必要です（585条）。

社員全員が無限責任を負い、会社財産にさほどの重要性はありませんから、会社の判断で利益配当ができ（621条）、財源的な規制はありません。

●退社

社員は、やむを得ない理由があるときにはいつでも退社することができます（606条）。やむを得ない理由には、他の社員との対立などの主観的な理由も含まれます。社員相互の信頼関係を基礎としていますから死亡によっても退社し、社員の地位は相続されません（607条1項3号）。退社した場合は、

◆社員の責任は重いが、強い信頼関係に支えられている◆

合名会社は社員個々人の間の強い信頼関係に支えられて運営される

持分を譲渡するときは社員全員の同意が必要

代表権も業務執行権も各社員が有する

対外的な債務の責任も各社員が負う

持分の払戻しを受けることができます（611条）。退社しても退社登記後2年間は、退社登記前に存在した会社の債務について無限責任を負い続けなければなりません（612条）。

◉設立手続きは簡単

　合名会社は、設立しようとする者が商号、目的、本店所在地、社員の氏名・住所、社員全員が無限責任社員であること、社員の出資の内容等を定めた定款を作成し（576条）、設立登記をすることで成立します（579条）。社員は1人でもかまいません（641条4号）。

　社員は出資義務を負うものの、個人財産でも会社債権者に責任を負いますから、出資自体の規制は緩く、労務の提供をもって出資とすることもできます。その旨定款に定めればよいのです。合資会社の無限責任社員も同様です。なお、合同会社や合資会社の有限責任社員は、労務提供をもって出資とすることはできません（576条1項6号）。

　社員が会社債権者に無限責任を負うことから、資本の制度や配当の財源規制はなく、それだけ設立手続きも簡単になっています。社員の出資が、会社設立の際に現実に履行されている必要もありません。

100 合資会社の特徴は

合名会社と合同会社の中間

◉合資会社とは

　合資会社は、合名会社と合同会社の中間的な会社です。というのも、合名会社や合同会社と同様、個人的信頼関係を有する少人数の社員（持分権者）で構成されるものの、そのなかに無限責任社員と有限責任社員の2種類の社員が必ず存在するからです（576条3項）。したがって、合資会社では社員は最低2人必要です。

　なお、合資会社の無限責任社員のルールは、合名会社と同じです。

◉有限責任社員の地位

　有限責任社員は、責任の限度が自己の出資額に限られます（580条2項）。他方、無限責任社員も存在しますから、合名会社と同じく会社財産にさほどの重要性はありません。そこで、会社の判断で利益配当ができ、財源的な規制はありません（621条）。ただし、有限責任社員が利益配当を会社の実際の利益額を超えて受けた場合は、配当額を会社に払い戻す義務を負わされます（623条）。出資額しか会社債権者に責任を負わないことに伴う調整です。

　有限責任社員でも、無限責任社員と同様に業務執行権と代表権を有するのが原則です（590条、599条）。業務執行についての意思決定は、社員の過半数で行われます（590条2項）。

　他方、定款で業務執行社員を定めることもでき（591条）、この場合は、その者が会社を代表します（599条）。業務執行社員が複数いれば、業務執行の意思決定は業務執行社員の過半数で行われます。業務執行社員が、会社と同種の事業を行うためには、社員全員の同意が必要です（594条）。

　新たに有限責任社員を加入させる場合のルールは、無限責任社員の加入の場合と同様で、定款変更が必要です（604条2項）。定款の変更は、定款に別の定めがない限り、社員全員の同意が必要です（637条）。

◉持分の譲渡、退社

　持分の譲渡については特則があります。まず、業務を執行しない有限責任社員の持分譲渡は、業務執行社員全員の承諾があれば可能です（585条2項）。

◆社員の退社で合資会社はどうなる？◆

無限責任社員と有限責任社員の両方が存在する会社

どちらかがいなくなったらどうなる？

- 無限責任社員のみになったら **合名会社**
- 有限責任社員のみになったら **合同会社**
  として存続する

持分を譲渡しようとする当該社員を除く他の全員の承諾を得る必要はありません。業務を執行しない有限責任社員は、他の社員との緊密性がそれほど大きくないからです。他方、業務執行社員であれば、有限責任社員であっても持分譲渡には他の社員全員の承諾が必要です。

　無限責任社員も有限責任社員も、やむを得ない理由があるときは、いつでも退社でき（606条）、また死亡によっても退社し社員の地位は相続されません（607条1項3号）。退社したときには持分の払戻しを受けられます（611条）。

◉どちらかの種類の社員がいなくなったらどうなる？

　合資会社には、無限責任社員と有限責任社員の両方が存在しなければなりません。

　そのため、無限責任社員が全員退社して有限責任社員のみになったときは、合同会社になる定款変更をしたものとみなされ、以後は合同会社として存続します。同様に、有限責任社員全員が退社して、無限責任社員のみになった場合は、合名会社として存続します（639条）。

101 株式会社、持分会社の組織変更

すべての持分会社は株式会社に組織変更できる

◉**組織変更の必要性**

　株式会社と持分会社（合同会社、合資会社、合名会社）は、それぞれ社員の責任や業務執行のあり方において独自性を有する会社です。

　しかし、当初は持分会社という閉鎖的な会社でスタートしたものの、その後事業の発展から株式会社に変更したいとか、合資会社や合名会社でスタートしたけれども、やはり出資者全員が有限責任社員になっておきたいので合同会社になりたいとかの場面が生じ得ます。

　そこで会社法は、4種類の会社は、いずれも、他の3種類のどの会社にも組織変更等できるとしています（638条、743条以下）。

◉**持分会社から株式会社への組織変更**

　合同会社、合資会社、合名会社が、株式会社に組織変更するには、①組織変更後の株式会社の目的、商号、②会計参与や監査役、会計監査人などに関する事項、③社員への株式割当て方法、④組織変更効力発生日等を定めた組織変更計画を作成し（746条）、総社員の同意を得なければなりません（781条1項）。

　また、社員の対外的責任に重大な変更を伴いますから、債権者保護手続きが必要です（781条2項）。異議を述べた債権者には弁済等しなければなりません（779条）。組織変更の効力は、組織変更計画に定めた効力発生日に生じ、この日に株式会社になります（747条1項）。効力発生日から2週間以内に、もとの会社の解散登記と新たな株式会社の設立登記をして、手続完了です。

◉**持分会社間の会社種類の変更**

　持分会社間でも、いずれの会社も、ほかのどの2社にも会社の種類を変更できます。手続きは簡単です。総社員の同意によって他の会社に変わる定款変更をすればよいのです（637条、638条）。たとえば、合資会社が合同会社に変わるのであれば、社員全員を有限責任社員とする定款変更をすればよいのです。

　この点、合名会社が、合同会社に組織変更するときは、社員の対外的責任

◆組織変更の手続き◆

持分会社 ➡ 株式会社
- ・組織変更計画の作成
- ・債権者保護手続き
- ・総社員の同意
- ・登記

持分会社間
- ・定款変更でOK
- ・登記

株式会社 ➡ 持分会社
- ・組織変更計画の作成
- ・債権者保護手続き
- ・総株主の同意
- ・登記

の態様がまったく変わるので、債権者保護手続きが必要なようにも思えますが、会社法はこれを要求していません。ただ、社員の出資が現実に履行されていなければ会社変更の定款の効力は生じない等としています（640条）。

　なお、合資会社で、無限責任社員全員が退社したときは合同会社に、有限責任社員全員が退社したときは合名会社に、それぞれ組織変更する定款変更がされたものとみなされます（639条）。

◉株式会社から持分会社への組織変更

　株式会社も、いずれの種類の持分会社へも組織変更できます。この場合は、組織変更計画を作成し（744条）、これを本店に備え置いて株主や債権者の閲覧に供し（775条）、総株主の同意で組織変更計画を承認し（776条）、債権者保護手続きを経て（779条）、組織変更計画で定められた効力発生日に当該持分会社になります（745条）。その後2週間以内に登記をすることで手続きが完了します。

102 有限会社

現在でも整備法上の特例有限会社として存在する

◉有限会社は整備法で規律

平成17年（2005年）制定の会社法施行（平成18年5月1日）に伴い、それまで存在した「有限会社法」は廃止され、「会社法の施行に伴う関係法律の整備等に関する法律」（以下「整備法」）が有限会社の取り扱いを定めています（整備法2条から46条）。

◉有限会社の取扱い

会社法施行前までに存在した有限会社（以下「旧有限会社」）は、会社法の下では株式会社として存在します（整備法2条1項）。しかし、それまでの有限会社としての地位を突然なくすと、予想外の不利益が生じ得ます。そこで、実質的に有限会社法上の地位を継続できるようにされており、整備法が、会社法の特例という形で規定しています。

そのため、旧有限会社は、そうではない株式会社とは異なる存在です。そこで、旧有限会社は、株式会社ではなく、「有限会社」と称さなければならず（整備法3条1項）、この会社のことを整備法は「特例有限会社」（整備法3条2項）と呼んで、他の株式会社と区別しています。

なお、新たに有限会社を設立することはできません。

◉特例有限会社のガバナンス

特例有限会社では、有限会社の出資1口が株式1株にあたります（整備法2条2項）。少数支配による閉鎖会社という特徴を維持するため、株式譲渡には会社の承認を要します。ただし、株主がその会社の株式を他の株主から取得する場合は、この承認は不要です。定款によっても、この株式譲渡制限は撤廃できません（整備法9条）。

また旧有限会社では、議決権や利益配当等について持分割合によらない個人別の特別な定めをすることが可能でした。会社法においても可能で、旧有限会社時代にそのような定めをしていた会社は、そのような株式を発行する会社とみなされています（整備法10条）。

株主総会の手続き、決議要件等は、原則として会社法の定めによります。

◆特例有限会社の特徴◆

取締役会を設置できない	会計参与を設置できない
取締役、監査役の任期制限なし	委員会を設置できない
M&Aの制限	監査役は会計監査のみ行う

定款変更で通常の株式会社へ変更可

　ただし、特別決議は、総株主の頭数の半数以上が出席し（他の株式会社では議決権の過半数）、その議決権の4分の3以上の賛成（他の株式会社では3分の2以上）が必要です（整備法14条）。特例有限会社は、取締役会、会計参与、監査役会、会計監査人、委員会を置くことができません（整備法17条、会社法326条2項）。旧有限会社の実態に合わせるための措置です。

　同様の措置として、取締役の任期にも監査役の任期にも制限がありませんし（整備法18条）、取締役は、各自が会社の業務を執行し、会社を代表する権限を有します（会社法348条1項、349条1項）。取締役が複数いる場合は、その過半数で意思決定を行い（会社法348条2項）、特定の取締役を代表取締役にすることもできます（会社法349条1項）。監査役の任務は会計監査のみです（整備法24条、会社法389条）。

　特例有限会社の通常の株式会社への移行は、定款を変更して商号中に株式会社という文字を入れ、定款変更の株主総会決議の日から2週間以内に、特例有限会社の解散登記及び商号変更した株式会社の設立登記をすることで完了します（整備法45条、46条）。

索 引

英 字

B／S（貸借対照表） —————————— 172
Cash-Out Merger —————————— 187
Compliance —————————————— 26
CSR —————————————————— 32
D＆O保険契約 ———————— 19, 155
DES —————————————————— 158
EDINET ——————————————— 77
EPS —————————————————— 78
LLP —————————————————— 223
M＆A ————————————————— 184
MBO ————————————————— 201
P／L（損益計算書） ——————— 172
ROE —————————————————— 78
TDネット ————————————— 77
TOB ————————————————— 200

あ 行

アカウンタビリティ ——————— 26, 28
安定株主 ——————————————— 202
委員会 ————————————————— 84
委員会設置会社 —————————— 144
インサイダー取引 ————————— 76
インサイダー取引規制 ——————— 76
売渡請求 ——————————————— 70
縁故募集 ——————————————— 156
黄金株 ————————————— 58, 204
親会社 ————————————————— 34
親子会社の定義 —————————— 34

か 行

会計監査 ——————————— 128, 185
会計監査人 —————————— 85, 132
会計監査人の責任 ————————— 133
会計監査人の任期 ————————— 133
会計監査人の報酬 ————————— 133
会計参与 —————————— 82, 126
会計参与の責任 —————————— 127

会計参与の任期 —————————— 127
会計帳簿 ——————————————— 172
解散 —————————————————— 214
会社 —————————————————— 24
会社関係者 —————————————— 76
会社関係手続きのIT化 —————— 98
会社計算規則 ———————————— 14
会社財産を危うくする罪 —————— 38
会社の機関 —————————————— 80
会社分割 ——————————————— 194
会社法 ———————————————— 14
会社法施行規則 ———————————— 14
合併 —————————————————— 184
合併手続き —————————————— 186
合併に対する規制 ————————— 186
株券 —————————————————— 66
株券喪失登録 ———————————— 66
株券発行会社 ———————————— 67
株券保管振替制度 ————————— 67
株式 —————————————————— 46
株式移転 ——————————————— 193
株式移転計画 ———————————— 193
株式売渡請求 ———————————— 70
株式買取請求 ———————————— 64
株式公開 ——————————————— 170
株式公開買付け ——————————— 200
株式交換 ——————————————— 192
株式交付 ——————————— 20, 201
株式取得 ——————————————— 200
株式消却 ——————————————— 78
株式譲渡自由の原則 ————— 42, 60
株式譲渡制限会社 ——— 48, 51, 60, 83
株式の消却手続き ————————— 78
株式の超過発行の罪 ———————— 38
株式発行 ——————————————— 156
株式分割 ——————————— 79, 163
株式併合 ——————————————— 79
株式報酬 ——————————— 18, 114
株主 —————————————————— 46

株主間契約 ———— 59	監査役の解任 ———— 129
株主資本等変動計算書 ———— 172	監査役の義務 ———— 128
株主総会 ———— 80, 91	監査役の権限 ———— 128
———議決権行使書面の閲覧制限 ——— 18	監査役の資格 ———— 129
———提案できる議案数の制限 ——— 16	監査役の責任 ———— 129
株主総会決議取消しの訴え ———— 104	監査役の任期 ———— 129
株主総会決議不存在 ———— 106	監査役の報酬 ———— 129
株主総会決議無効 ———— 106	間接金融 ———— 156
株主総会資料のインターネットでの提供 — 93	完全親子会社 ———— 192
株主総会資料の電子提供 ——— 16	議決権行使書面 ———— 101
株主総会の決議事項 ———— 91	議決権制限株式 ———— 56
株主総会の権限 ———— 91, 96	基準日 ———— 54
株主総会の招集手続き ———— 93	キャッシュアウト ———— 72
株主代表訴訟 ———— 150	吸収合併 ———— 186
株主等の権利の行使に関する贈収賄罪 ——— 39	吸収分割 ———— 194
株主等の権利の行使に関する利益供与の罪	休眠会社 ———— 215
———— 39	共益権 ———— 46
株主の議案事前提案権 ———— 100	競業取引 ———— 112, 148
株主の議案提案権 ———— 100	強制転換条項付株式 ———— 57
株主の議題提出権 ———— 100	業務監査 ———— 128
株主の義務 ———— 48	業務執行社員 ———— 224
株主の権利 ———— 108	拒否権付株式 ———— 58, 102, 204
株主平等原則 ———— 42, 50	金庫株の解禁 ———— 68
株主名簿 ———— 54	偶発債務 ———— 185
株主名簿の閲覧謄写請求権 ———— 55	経営判断の原則 ———— 151
株主優待制度 ———— 52	計算書類 ———— 172, 174
株主割当て ———— 156, 164	計算書類の附属明細書 ———— 172
借入れ ———— 156	決議要件 ———— 95
簡易事業譲渡 ———— 189	決算 ———— 174
簡易組織再編 ———— 196	検査役 ———— 210
監査委員会 ———— 84, 140	減資 ———— 182
監査等委員 ———— 145	減資手続き ———— 182
監査等委員会 ———— 85	現物出資 ———— 158, 210
監査等委員会設置会社 ———— 84, 144	公開会社 ———— 60, 81, 83, 86, 160, 170
監査等委員会の職務 ———— 146	公告 ———— 99
監査等委員の解任 ———— 147	合資会社 ———— 25, 228
監査等委員の選任 ———— 147	合同会社 ———— 25, 222
監査等委員の報酬 ———— 147	公表 ———— 77
監査役 ———— 82, 128	公募発行 ———— 156
監査役会 ———— 83, 130	合名会社 ———— 25, 236
監査役会設置会社 ———— 83	ゴーイング・プライベート ———— 171
監査役会の決議 ———— 130	コーポレートガバナンス ———— 28

コーポレートガバナンス・コード ―― 29, 203
コーポレートガバナンス報告書 ――――― 29
子会社 ――――――――――――――― 34
個別注記表 ――――――――――――― 172
コンプライアンス ――――――――――― 26

さ 行

債券 ――――――――――――――― 166
債権者保護手続き ―――――――――― 182
財産引受け ――――――――――――― 210
最低純資産額規制 ―――――――――― 44
財務諸表 ―――――――――――――― 173
差損を生じる組織再編 ―――――――― 197
三角合併 ―――――――――――――― 187
自益権 ――――――――――――――― 46
事業譲渡 ―――――――――――――― 188
事業譲渡の手続き ―――――――――― 188
事業報告 ―――――――――――――― 173
資金調達方法 ―――――――――――― 156
自己資本 ―――――――――――――― 156
自己資本利益率 ――――――――――― 78
事後設立 ―――――――――――――― 211
事実上の取締役 ――――――――――― 117
自社株 ――――――――――――――― 68
自社株取得の手続き ――――――――― 68
自社株の処分手続き ――――――――― 69
自社株の保有 ―――――――――――― 69
執行役 ――――――――― 84, 134, 142
執行役員 ―――――――――――――― 84
私募 ――――――――――――――― 166
資本 ――――――――――――― 44, 176
資本減少 ―――――――――――――― 182
資本充実の原則 ――――――――――― 210
資本準備金 ――――――――――――― 176
資本の欠損 ――――――――――――― 182
資本の制度 ――――――――――――― 44
指名委員会 ―――――――――― 84, 138
指名委員会等設置会社 ――――― 84, 134
指名委員会等設置会社の取締役 ―――― 136
指名委員会等設置会社の取締役の任期 ― 136
支配株主の異動を伴う新株発行 ―――― 161
社員 ――――――――――――――― 24

社外監査役 ――――――――――――― 87
社会信用リスクの回避 ―――――――― 26
社外性要件（社外役員） ――――――― 86
社会的責任 ――――――――――――― 32
社外取締役 ――――――――――――― 86
社外取締役設置義務 ――――――――― 19
社外取締役への業務執行委託 ―――――― 88
社外役員 ―――――――――――――― 86
社債 ――――――――――――――― 166
社債、株式等の振替に関する法律 ―― 54, 166
社債管理会社 ―――――――――――― 168
社債管理者 ――――――――――――― 168
社債管理補助者 ――――――――― 20, 168
社債権者集会 ―――――――――――― 169
社債の特徴 ――――――――――――― 166
社債発行 ―――――――――――――― 156
社債発行の手続き ―――――――――― 168
重要事実 ―――――――――――――― 76
授権資本 ―――――――――――――― 162
取得条項付株式 ――――――――――― 78
取得条項付新株予約権 ―――――――― 204
種類株式 ―――――――――――― 51, 56
種類株主 ―――――――――――――― 102
種類株主総会 ―――――――――― 58, 102
種類株主総会での可決要件 ―――――― 103
純資産額 ―――――――――――― 45, 182
純粋持株会社 ―――――――――――― 192
準備金 ――――――――――――――― 176
準備金の減少 ―――――――――――― 183
商号 ――――――――――――――― 36
商行為 ――――――――――――――― 24
招集通知 ―――――――――――― 93, 96
上場 ――――――――――――――― 170
少数株主権 ――――――――――――― 46
譲渡制限株式 ―――――――――― 56, 70
譲渡制限付新株予約権 ―――――――― 74
少人数私募債 ―――――――――――― 166
剰余金 ――――――――――― 44, 69, 178
剰余金配当 ――――――――――――― 174
剰余金分配規制 ――――――――――― 44
書面による議決権の行使 ―――――――― 94
所有と経営の分離 ―――――――――― 42

新株発行 —————————— 156
新株発行の差止め —————— 159
新株発行の手続き —————— 156
新株引受権 —————————— 169
新株予約権 ——————— 74, 164
新株予約権付社債 —————— 169
新株予約権の発行手続き ——— 164
新設合併 —————————— 186
新設分割 —————————— 195
人的分割 —————————— 195
数種の株式 ————————— 56
ストック・オプション ———— 74
清算価値の保証 —————— 207
清算人 ——————————— 216
整備法 ————————— 14, 232
責任限定契約 ——————— 151
説明責任 ———————— 26, 28
設立費用 —————————— 212
善意取得 ————————— 42, 66
善管注意義務 ————— 148, 220
総会屋 ——————————— 108
総会屋対策 ————————— 109
相対的無効説 ——————— 113
組織再編の差止め —————— 198
損益計算書（P／L） ———— 172
損害賠償責任 ——————— 148

た 行

第三者割当て ——————— 156
貸借対照表（B／S） ———— 172
第二会社法式 ——————— 207
代表執行役 ———— 84, 134, 142
代表取締役 ————————— 82
代表取締役の解任決議 ——— 124
代用自己株式 ———————— 69
多重代表訴訟 ——————— 152
妥当性監査 ————————— 128
他人資本 —————————— 156
単元株 ——————————— 64
単元株数の変更 —————— 65
単元未満株主の権利 ————— 64
単独株主権 ————————— 46

担保提供命令 ——————— 107
中間配当 —————————— 174
忠実義務 ———————— 112, 148
直接金融 —————————— 156
直接無限連帯責任 —————— 226
通常清算 —————————— 216
定款 ———————————— 208
敵対的買収 ————————— 202
敵対的買収の防衛策 ————— 202
デット・エクイティ・スワップ —— 158
デュー・ディリジェンス ———— 184
転換予約権付株式 —————— 57
登記簿上の取締役 —————— 117
特殊の新株発行 —————— 157
特定引受人 ————————— 160
特に有利な条件 —————— 165
特別決議 —————————— 95
特別支配会社 ———— 189, 196
特別支配株主 ———————— 72
特別清算 —————————— 217
特別利害関係株主 —————— 124
特別利害関係取締役 ————— 124
毒薬条項 —————————— 204
特例有限会社 ———— 24, 232
トラッキング・ストック ———— 56
取締役 ——————————— 81
取締役会 —————————— 81
取締役会決議の方法 ————— 123
取締役会の権限 —————— 122
取締役会の招集手続き ——— 122
取締役会非設置会社 ——— 81, 96
取締役等の第三者に対する責任 —— 116
取締役等の特別背任罪 ———— 38
取締役の解任 ——————— 111
取締役の資格 ——————— 110
取締役の賞与 ——————— 115
取締役の選任 ——————— 111
取締役の退職慰労金 ————— 115
取締役の任期 ——————— 111
取締役の人数 ——————— 110
取締役の報酬 ——————— 114
取締役の役割 ——————— 110

な 行

名板貸人 ——————————— 37
内部統制システム ——————— 32
内部統制報告書 ——————— 33
日本版ＬＬＣ ——————————— 222
日本版スチュワードシップ・コード —— 29
日本版ＳＯＸ法 ——————— 33
のれん ——————————— 188

は 行

買収 ——————————— 184
買収防衛策指針 —————— 202, 204
パススルー課税 ——————— 222
発行可能株式総数 —————— 162
非公開化 ——————————— 171
１株当たり当期純利益 —————— 78
表見代表執行役 ——————— 120
表見代表取締役 ——————— 120
普通決議 ——————————— 95
物的分割 ——————————— 194
分割計画書 ——————— 195
分割契約書 ——————— 195
分配可能額 ————— 44, 69, 178
ポイズンピル ——————— 204
報酬委員会 ————— 84, 138
法人 ——————————— 24
法人格否認の法理 —————— 116
法定準備金 ——————— 176
法定清算 ——————————— 216
法的監査 ——————————— 185
法的リスクの回避 —————— 26
法令遵守 ——————————— 26
募集 ——————————— 156
募集設立 ——————————— 209
補償契約 ——————— 18, 154
発起設立 ——————————— 208
発起人 ——————————— 208

ま 行

みなし解散 ——————— 214
無限責任 ——————— 221, 226
無限責任社員 —————— 219, 224
名義書換え ——————— 54
名目的取締役 ——————— 117
目的 ——————————— 30
目的の範囲 ——————— 30
持分 ——————————— 220
持分会社 ——————— 24, 220
持分権者 ——————— 220, 222
持分譲渡 ——————— 224

や 行

役員等賠償責任保険契約 —— 19, 155
有限会社 ——————————— 232
有限会社法 ——————————— 232
有限責任 ——————————— 42
有限責任事業組合（ＬＬＰ） ——— 223
有限責任社員 —————— 219, 226
優先株 ——————————— 56

ら 行

ライツプラン ——————— 204
濫用的会社分割 ——————— 206
利益準備金 ——————— 176
利益相反取引 —————— 113, 148
略式事業譲渡 ——————— 189
略式組織再編 ——————— 196
臨時計算書類 ——————— 175
連結計算書類 ——————— 175
令和元年改正会社法 —————— 16
劣後株 ——————————— 56
連結計算書類 ——————— 175
労働者の承継 ——————— 195

わ 行

ワラント ——————————— 169

中島　成（なかしま　なる）

昭和34年大分県大分市生まれ。東京大学法学部卒。
裁判官（名古屋地方裁判所）を経て、昭和63年4月弁護士となる（東京弁護士会所属）。平成2年4月中島成法律事務所を東京都港区元赤坂に設立、事務所名を中島成総合法律事務所に改め、平成8年東京都中央区銀座に移転。日本商工会議所・東京商工会議所「会社法制の見直しに関する検討準備会」委員、東京商工会議所「経済法規・CSR委員会」委員、「経営安定特別相談室」商工調停士、「中小企業金融委員会」ワーキンググループアドバイザー等を務める。また、全国地方銀行協会研修所などでの講演も多数行う。
『図解でわかる会社法』『図解でわかる商法・手形小切手法』『入門の法律　商法のしくみ』『これならわかる改正民法と不動産賃貸業』（以上、日本実業出版社）、『民事再生法の解説』『個人情報保護法の解説』（以上、ネットスクール）など著書多数。
【連絡先】
〒104-0061　東京都中央区銀座6丁目2番3号
　　Daiwa銀座アネックス7階
中島成総合法律事務所
TEL　03-3575-5011（代）　FAX　03-3575-5012
ホームページ　https://www.nakashima-law.com/

れいわがんねんかいせいほうたいおう
令和元年改正法対応
し
知りたいことがすぐわかる
ず かい　かいしゃ ほう
図解　会社法のしくみ

2015年7月10日　初　版　発　行
2021年3月10日　最新2版発行
2022年8月20日　第 2 刷 発 行

著　者　中島　成　©N.Nakashima 2021
発行者　杉本淳一

発行所　株式会社日本実業出版社　東京都新宿区市谷本村町3−29 〒162-0845
　　　　編集部 ☎03-3268-5651
　　　　営業部 ☎03-3268-5161　振　替　00170-1-25349
　　　　　　　　　　　　　　　　https://www.njg.co.jp/

印刷／厚徳社　　製本／共栄社

ISBN 978-4-534-05842-3　Printed in JAPAN

この1冊ですべてわかる
経営戦略の基本

**株式会社日本総合研究所
経営戦略研究会**
定価本体1500円(税別)

古典的な戦略から新しい戦略まで、経営戦略の全体像、全社・事業戦略の策定と実施、戦略効果をさらに高めるノウハウを網羅。初めて学ぶ人、基本をつかみきれていない人にもおすすめの一冊。

この1冊ですべてわかる
会計の基本

岩谷　誠治
定価本体1500円(税別)

会計の要点を手早く、簡単に身につけることができる本。会計を財務会計と管理会計という軸に分けて、税務会計や連結決算から、内部統制、IFRS、組織再編手法などまで幅広く解説しました。

これから勉強する人のための
日本一やさしい法律の教科書

**品川　皓亮 著
佐久間　毅 監修**
定価本体1600円(税別)

とかく文字ばかりでとっつきにくい法律。本書は、対話形式で六法(憲法、民法、商法・会社法、刑法、民事訴訟法、刑事訴訟法)のエッセンスをやさしく解説。初めて法律を学ぶ学生、社会人のための入門書。

51の質問に答えるだけですぐできる
「事業計画書」のつくり方

原　尚美
定価本体1600円(税別)

事業に関連する質問に答えるだけで事業計画書がつくれる本。必要な数字や計算書類の作成のしかたもバッチリ紹介。事業計画書、利益計画書、資金計画等のフォーマットもダウンロードできます。

定価変更の場合はご了承ください。